FRANCE

BELGIQUE

ALLEMAGNE

•Reims

LUXEMBOURG

HAMPAGNE

LORRAINE

Strasbourg
•

ALSACE

CARTE DE FRANCE

la Seine

URGOGNE

*FRANCHE
COMTÉ*

Dijon
•

Besançon
•

SUISSE

RHÔNE ALPES

•Lyon

•
Grenoble

ITALIE

le Rhône

•Avignon
PROVENCE

nt du Gard)

Arles•

CÔTE D'AZUR MONACO

Aix-en-Provence Nice
•

•
Cannes

Marseille

CORSE

MER MÉDITERRANÉE

Mon petit cahier de français

Kaoru Tsuri

Ekuko Takeuchi

Editions ASAHI

音声サイトURL

http://text.asahipress.com/free/french/cahier/index.html

前　書　き

　授業にずっと集中しているのは難しいことです。先生の説明を受動的に聞いているだけでは集中力が途切れてしまいがちです。しかし、自分で書き込みながら、自分だけの教科書を作っていくとすればどうでしょう。それが「私だけのフランス語ノート」です。この教科書は、自分で考えながら書き込むことによって、フランス語を着実に身に着けられるように構成してあります。さらにこの教科書では、書くことは聞くことに結び付けられています。文法事項やボキャブラリーや動詞の活用は、目で読むだけでなく、音声を聞きながら書き取ることで、いっそう効果的に学習できるでしょう。

　このテキストと一緒に辞書を使うことをお勧めします。各課にボキャブラリーの欄がありますので、辞書を引いて意味を調べましょう。最近は基本的なボキャブラリーに絞った手軽な辞書も出ていますので、とりあえずそのような辞書で十分でしょう。また、ボキャブラリーや文法は、辞書を引かずに、自分で推測したり、発見できる部分も多いので、主体的な学習に取り組むことができるような工夫も加えてあります。

　各課の1ページ目でモデルになる短い会話文を聞いたあと、「これ大事！」の（　　）を埋めながら、必要最小限の文法事項を頭に入れましょう。2ページ目では、ボキャブラリーを増やしつつ、文法事項を確認できる［PRÉP］＝準備問題を解きましょう。3ページ目には準備問題を発展させた練習問題があり、4ページ目では「PARLONS話す」「ÉCOUTONS聞く」「ÉCRIVONS書く」という3つの形で、1〜3ページ目までの成果を繰り返し確認・練習します。このようなサイクルで、パターンを無理に広げずに、基本的な文章を繰り返し聞いたり、書いたり、話したりしながら、「私だけのフランス語ノート」を仕上げていくうちに、基本的なフランス語がしっかりと身に着きます。

　またフランス文化、フランス語圏の知識を、問題の中に埋め込み（ **CULTURE** というアイコンで示されています）、クイズのように解いたり、調べたりしながら、フランス文化に親しめるようになっていることも、この教科書の特徴です。

　これから一年かけて、あなただけのフランス語ノートを完成させてください！　そしてフランス語とフランス語を使っている国に親しんでください！

著者

目　次

装丁・イラスト ― メディアアート

Mon petit cahier de français

Alphabet et prononciation / Salutations

🎧 2 アルファベを通して3回聞き、カタカナで [   ] を埋めよう。英語と大きく違うものを指摘しよう。

A [   ]   B [   ]   C [   ]

D [   ]   E [   ]   F [   ]

G [   ]   H [   ]   I [   ]

J [   ]   K [   ]   L [   ]

M [   ]   N [   ]   O [   ]

P [   ]   Q [   ]   R [   ]

S [   ]   T [   ]   U [   ]

V [   ]   W [   ]   X [   ]

Y [   ]   Z [   ]

🎧 3 Ⅰ. 次の語をアルファベで発音してみよう。

1) Japon   2) France   3) Paris   4) TGV

Ⅱ. 自分の名前の綴りを書き、アルファベで言ってみよう。

Ⅲ. 下記の単語は日本語でも使われるフランス語です。読んでみよう。　🎧 4

1）chocolat　　2）gâteau　　3）gratin　　4）foie gras

5）croissant　6）café au lait　7）crêpe　　8）escargot

9）mousse　　10）chou à la crème　11）camembert　12）sauce

13）blouson　14）millefeuille　　15）cognac　　16）Eiffel

17）Chanel　18）Michelin　　19）Chopin

20）Beaujolais Nouveau

1）～20）の単語から綴りの読み方を考えてみよう。該当する綴りを含む単語を次の表に書き出そう。

綴り	カタカナ読み	該当する綴りを含む単語
é, ê, è		
au, eau		
ou		
ai, ei		
oi		
in		
ch		
gn		
ill		

他に気が付いた読み方の決まりがあれば指摘しよう。

1）...

2）...

3）...

4）...

Ⅳ. 綴りを聴いて、空欄を埋めよう。まず綴りを読んで、次に単語を読みます。

1) f ＿＿ e　　　2) m ＿＿ sse　　　3) l ＿＿ t　　　4) co ＿＿ ac

5) s ＿＿ ce　　　6) n ＿＿ v ＿＿＿＿　　　7) b ＿＿ ge　　　8) ＿＿ ef

Ⅴ. 絵の中の空欄の吹き出しに、聞こえたフレーズを下の囲みから選んで書き込み、意味を考えよう。

1)

2)

3)

4)

5)

6)

Au revoir, Mademoiselle !　　　Bonjour, Madame !

Bonsoir, Monsieur !　　Ça va ?　　Ça va bien, merci.　　Salut !

Très bien, merci.　　Vous allez bien ?

数字1〜10を覚えよう。 🎧 7

un / une, deux, trois, quatre, cinq, six, sept, huit, neuf, dix

1はun / uneと2種類あります。

(　　　) croissant / (　　　) baguette

Ⅵ. 下の単語（野菜か果物）に数字をつけて読み上げます。それらに数字をつけて書いてみよう。🎧 8
　　数字と単語の組み合わせをよく聞こう。単語には複数形の-sがついています（発音されません）。

(　　　) 　 (　　　) 　 (　　　)

(　　　) 　 (　　　) 　 (　　　)

(　　　) 　 (　　　) 　 (　　　)

1) pommes　　　2) melons　　　3) poires

4) oranges　　　5) tomates　　　6) carottes

7) citrons　　　8) cerises　　　9) fraises

La date : (　 / 　 / 　　) 　　　　　　先生のチェック： 印

5

Tu t'appelles comment ?

自己紹介してみよう！

①

> Tu t'appelles comment ?

> Je m'appelle Marie.

> Et tu habites où ?

> J'habite à Paris.

②

> Il s'appelle comment ?

> Il s'appelle Jean.

> Il habite où ?

> Il habite à Londres.

③

> Tu es d'où ?

> Je suis de Bordeaux.

> Et elle est d'où ?

> Elle est de Nice.

これ 大事！

1) où は（　　　　　　　）という意味の疑問詞です。前置詞 de は出身を表します。

　 d'où = de + où で、（　　　　　　　）という意味です。

2) comment は（　　　　　　　）という意味の疑問詞です。

3) フランス語の主語は次のようになっています。空欄を埋めよう。

je		nous	私たちは
	君は（親しい関係）	vous	あなたは（距離のある関係）
	彼は	ils	
	彼女は	elles	

［**動詞活用**］動詞は主語に合わせて変化します。空欄を埋めて、一度練習してみよう。（　　）には
意味を書こう。

		être （　～である　）	habiter （　　　　　）	s'appeler （　　　　　　）
je	je suis	je suis	j'habite	je m'appelle
tu	tu es		tu habites	tu t'appelles
il	il est		il habite	il s'appelle
elle	elle est		elle habite	elle s'appelle

［PRÉP］ CULTURE

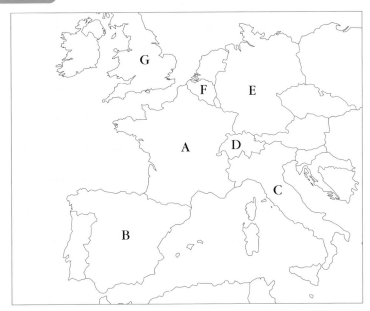

	国	首都
A	France	
B		
C		
D		
E		
F		
G		Londres

フランスと周囲の国々の名前と首都を下から選び、表を埋めてみよう。

　　国：Allemagne, Angleterre, Belgique, Espagne, France, Italie, Suisse

　　首都：Berlin, Berne, Bruxelles, Londres, Madrid, Paris, Rome

フランス語を公用語にしている国の記号を選んでみよう。（　　　）（　　　）（　　　）

名前	住んでいる町	出身の町
François	ナント	ストラスブール
Louis	リール	ブリュッセル
Claire	パリ	ロンドン

ex.1 それぞれの人物になったつもりで、A: Tu t'appelle comment ?　B: Tu habites où ?
C: Tu es d'où ? という質問に答えよう。

> François : A:　**Tu t'appelles comment ?** — Je m'appelle François.
>
> 　　　　　 B:　**Tu habites où ?** — J'habite à Nantes.
>
> 　　　　　 C:　**Tu es d'où ?** — Je suis de Strasbourg.

Louis　　: A: ....

　　　　　 B: ....

　　　　　 C: ....

Claire　 : A: ....

　　　　　 B: ....

　　　　　 C: ....

ex.2 **ex.1** で作成したLouisとClaireの文章の主語を il/elle にして書き換えよう。

Louis　　: A: ....

　　　　　 B: ....

　　　　　 C: ....

Claire　 : A: ....

　　　　　 B: ....

　　　　　 C: ....

PARLONS

この課で学んだ表現を使って自己紹介しよう！（名前、住んでいる町、出身地）

_____

_____

_____

ÉCOUTONS

1）それぞれの人物の情報を聞き取り、空欄をフランス語で埋めよう。　🎧12

名前	住んでいる町	出身の町
Jean		
Jacques		
Sophie		
Anne		

2）音声を聞いて、（　）を埋めよう。　🎧13

A : Bonjour ! Je m'(　　　　　) Pierre. Et toi, tu t'(　　　　) (　　　　) ?

B : Moi, je m'(　　　　) Amélie. Tu (　　　　) (　　　) ?

A : J'(　　　　) à Londres.

B : Ah bon ? Tu (　　　) d'(　　　　) ?

A : Je (　　　　) (　　　) Paris.

ÉCRIVONS

隣の人の自己紹介を聞いて、名前、住んでいる町、出身地をフランス語で書きとってみよう。主語は Il / Elle で。

_____

_____

_____

_____

_____

La date : (　　/　　/　　　　)	先生のチェック： 印

Leçon 2

Tu parles français ?

国籍や言語について話そう！

 ①

Tu es étudiant ?

Oui, je suis étudiant. Et toi ?

Moi aussi, je suis étudiante.

 ②

Tu es japonais ?

Non, je ne suis pas japonais.
Je suis chinois.

 ③

Tu parles français ?

Non, je ne parle pas bien français.
Mais je parle japonais et anglais.

 大事！

1）étudiant と étudiante の違いを考えてみよう。語末に注意して、それぞれ発音してみよう。☞男性名詞に（　　　　）をつけると女性形になります。japonais の場合は（　　　　　）になります。

2）Je suis japonais. と Je parle japonais. の違いを考えてみよう。☞ 前者が（　　　　　　）で、後者は（　　　　　）という意味です。

3）否定文は動詞を（　　　　）と（　　　　）ではさみます。

4）Tu es étudiant ? : 疑問文の作り方は3通りあります。
　　① イントネーションによる
　　② 文頭に Est-ce que をつける　☞ （　　　　　　　　） tu es étudiant ?
　　③ 倒置による　☞ （　　　　　　　） étudiant ?

10

［動詞活用］parler は habiter (Leçon 1) と同じ語尾変化をする規則動詞です。

je, tu, il, elle の活用を書いてみよう。

je	［ジュ・パルル］	nous parlons	［ヌ・パルロン］
tu	［チュ・パルル］	vous parlez	［ヴ・パルレ］
il	［イル・パルル］	ils parlent	［イル・パルル］
elle	［エル・パルル］	elles parlent	［エル・パルル］

VOCABULAIRE 1. 辞書を使って空欄を埋めよう。

国旗	国名	～人（男）	～人（女）	話される言語
	France	français	française	français
	Sénégal	sénégalais		
	Japon			
	Canada	canadien		anglais
	Etats-Unis	américain		
	Angleterre			
	Allemagne	allemand		
	Belgique	belge		néerlandais

* néerlandais = オランダ語
* -en → -enne、-e は不変。

VOCABULAIRE 2. 辞書を使って意味と女性形を調べ、空欄を埋めよう。

意味	大学生			
m.	étudiant	lycéen	employé	cuisinier
f.	étudiante			

意味				
m.	fonctionnaire	enseignant	ingénieur	infirmier
f.				

* *m.* は masculin = 男性形、*f.* は féminin = 女性形、の意味です。

ex.1 **CULTURE** セネガルやカナダ（特にケベック州など）では、フランス語が話されます。名前、国籍、住んでいる町、話す言語に関して、文を完成させよう。

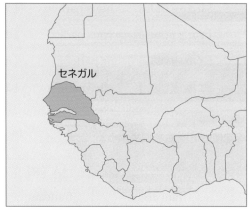

1) Je (   ) Aliou.

    Je (   ) sénégalais.

    J'(   ) à Dakar.

    Je (   ) wolof et (   ).   * wolof はウォロフ語

2) Elle (   ) Céline.

    Elle (   ) (   ).

    Elle (   ) à Montréal.

    Elle (   ) (   ) et (   ).

         * カナダは英語とフランス語が公用語です。

ex.2 上の文を参考に、次の質問に答えよう。

1) Aliou est canadien ? →

2) Aliou habite à Paris ? →

3) Céline parle wolof ? →

PARLONS

隣の人と互いに、次の質問をして答えよう。

1) Tu es français(e) ?

2) Tu es employé(e) ?

3) Tu parles anglais ?

 ÉCOUTONS

1) それぞれの人物の情報を聞き取り、空欄を埋めよう。

	名前	国籍	職業	話す言語
A.				
B.				
C.				

2) 音声を聞いて、（　）を埋めよう。

A : Tu es (　　　　　　　　) ?

B : Non, je (　　　　) (　　　　) (　　　　) (　　　　　　). Je (　　　　)

　　 (　　　　　).

A : Tu (　　　　) (　　　　　) ?

B : Non, je (　　　) (　　　) (　　　) (　　　　　　). Mais je (　　　　)

　　 (　　　　　) et (　　　　　).

 ÉCRIVONS

自己紹介をフランス語で書いてみよう！（名前、住んでいる町、出身地）

1) 私（女）は高校生ではありません。私は大学生です。

_____

2) 彼はベルギー人です。彼はフランス語とオランダ語を話します。

_____

La date : (　　　/　　　/　　　　　)　　　　　　　　先生のチェック：　印

Qu'est-ce que c'est ?

身の回りのものについて話そう！

①

Qu'est-ce que c'est ?

C'est un stylo.
C'est le stylo de Sophie.

C'est une trousse.
C'est la trousse de Paul.

②

Qu'est-ce que c'est ?

Ce sont des livres.

③

Il y a combien de livres ?

Il y a cinq livres.

これ 大事！

1) フランス語の名詞には、男性名詞（masculin＝m.）と女性名詞（feminine＝f.）があります。また複数形（pluriel＝pl.）は単数形（singulier＝s.）に - s をつけます。発音されません。m., f., s., pl. の略語は今後よく出てくるのでここでしっかり覚えましょう。

2) 次の表現の意味を書きましょう。

Qu'est-ce que c'est ?	
Il y a 〜 ?	
Combien de 〜 ?	

3) un stylo と le stylo の違いを考えながら、空欄を埋めましょう。

	男性単数	女性単数	男女複数	使い方
不定冠詞		une		数えられる不特定のものを指す名詞につける。
定冠詞			les	特定のものを指す名詞につける。

＊ le, la は母音で始まる名詞の前では、l' となります。☞ l'arc-en-ciel

4) C'est 〜. と Ce sont 〜. の違いは何でしょう。☞ 次に単数の名詞が来る場合（　　　　　）、複数の名詞が来る場合（　　　　　）、になります。

VOCABULAIRE　**1.** 辞書で男性名詞か女性名詞かを調べて、身の回りにあるものに不定冠詞をつけよう。

(　) crayon 　 (　) dictionnaire 　 (　) ordinateur 　 (　) montre

(　) portable 　 (　) sac 　 (　) cahier 　 (　) lunettes

VOCABULAIRE　**2.** 以下の11〜20の数字を順番に並べ、発音してみよう。　🎧22

(　onze　) — (　　　) — (　　　) — (　　　) — (　　　) —

(　　　) — (　　　) — (　　　) — (dix-neuf) — (　　　)

> treize　dix-huit　seize　vingt　dix-neuf
>
> dix-sept　douze　quatorze　quinze　onze

[PRÉP] 1から20までの数字を使った足し算と引き算です。(　) を埋めよう。

> 例 : Deux plus trois égale cinq.　　2 + 3 = 5
>
> 　　 Treize moins sept égale six.　　13 − 7 = 6

1)　Quatre plus sept égale (　　　　).

2)　Dix-neuf moins trois égale (　　　　).

3)　Cinq plus (　　　　) égale quatorze.

4)　(　　　　) moins douze égale trois.

ex.1 **CULTURE** 地図を見て、その地方の名物を下から選び、（　　）に入れよう。[　　]にはmanger（食べる）を活用させて入れよう。

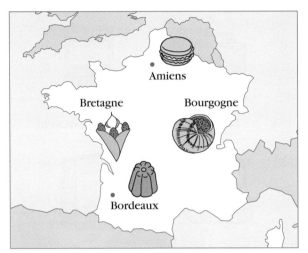

1) Je mange des (　　　　　　) à Bordeaux.

2) Il [　　　　] des (　　　　　　) à Amiens.

3) Nous mangeons des (　　　　　) en Bourgogne.

4) Elle [　　　　] des (　　　　　　) en Bretagne.

　* à, en は場所を表す前置詞（〜で）ですが、à の後ろは街の名前、en の後ろは地方の名前が来ます。

　* manger は –er 動詞ですが、nous で –eons となります。

　名物：cannelé, macaron, escargot, crêpe

ex.2 イラストを見て、質問に対する答えを書いてみよう。3)はbeaucoup de（たくさんの）を使って答えてみよう。

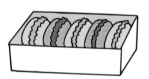  

1) Il y a combien de macarons dans la boîte ?

　...

2) Il y a combien d'escargots dans l'assiette ?

　...

3) Il y a combien de moules dans la casserole ?

　...

　* 前置詞dans〜：〜の中に

　* beaucoup de ＋ 無冠詞名詞：たくさんの

PARLONS

1）隣の人と足し算と引き算の問題を出し合ってみよう。

2）身の回りにあるものを指差して Qu'est-ce que c'est ? と隣の人に質問しよう。

 ÉCOUTONS

1）足し算と引き算の問題に答えよう。

　　例：Deux plus trois égale … ?　　答え：Cinq

①	②	③	④	⑤

2）読まれた文に対応する絵を選び、〇をつけよう。

　①  ②

　　（　　　　）　（　　　　）　（　　　　）　（　　　　）

3）音声を聞いて、（　）を埋めよう。

　① Qu'est-ce que (　　　　) ?

　　— Ce sont des (　　　　). Ce sont (　　) (　　　　) (　　) Paul.

　② Il y a (　　　　) (　　) crayons dans (　　) (　　　　) ?

　　— Il y a (　　) crayons.

 ÉCRIVONS

1）これは何ですか。　— これは、1台のパソコンです。

_____

2）箱の中に、いくつの腕時計がありますか？　— 18個あります。

_____

La date : (　　 /　　 /　　　　)　　　　　　先生のチェック：印

家族について話そう！(1)

 ①

Tu as des frères ?

Non, je n'ai pas de frères.
Mais j'ai une sœur.

 ②

Ta mère, elle a quel âge ?

Elle a quarante-cinq ans.

 ③

Tes parents, qu'est-ce qu'ils font ?

Mes parents, ils sont
fonctionnaires. Et tes parents ?

Mon père est ingénieur, et
ma mère ne travaille pas.

 これ 大事！

1）所有形容詞は付ける名詞の性数に合わせて形が変わります。空欄を埋めよう。

	m.s.	*f.s.*	*m.f.pl.*
私の		ma	
君の			tes
彼／彼女の			

2）quel âgeは（　　　　　）という意味です。年齢を言うときは動詞（　　　　　）を使います。quel
はLeçon 5を参照。

3）目的語についた不定冠詞は、否定文で（　　　　　）になります。次の文を否定文にしてみよう。

J'ai une sœur.　→

C'est un livre.　→

Il aime le café.　→

18

VOCABULAIRE **1.** 家族に関する名詞を覚えよう。

père		( )	grand-père		( )
mère	母	( )	grand-mère		( )
frère	兄弟	( )	mari		( )
sœur	姉妹	( )	femme		( )
oncle		( )	enfant		( )
tante		( )	parents	両親	(*m.pl.*)

VOCABULAIRE **2.** 数字 20〜 69 を覚えよう！空欄を埋めよう。　🎧 29

vingt	vingt et un			vingt-neuf
		trente-deux		
	quarante et un			
cinquante			cinquante-huit	
soixante				

［**動詞活用**］空欄を埋めて、avoir と faire の活用を覚えよう。

avoir （意味： ）		faire （意味： ）	
j'ai	nous	je	nous faisons
tu as	vous	tu	vous
il	ils ont	il	ils
elle a	elles ont	elle fai<u>t</u>	elles font

［PRÉP］**1-1.** 次の名詞に ton / ta / tes のいずれかをつけてみよう。

① ( ) femme　　　② ( ) enfants　　　③ ( ) oncle

1-2. 次の名詞に son / sa / ses のいずれかをつけてみよう。

① ( ) père　　　② ( ) parents　　　③ ( ) sœur

［PRÉP］**2.** 次の質問に否定で答えよう。

1) Tu as un chat ?　— Non, je ....

2) Vous avez des enfants ?　— Non, nous ....

3) Il a une guitare ?　— Non, il ....

Ma famille

Fabienne 65ans　　　　Jean 68ans

Claire 29ans　　　Pierre 35ans　　　Robert 41ans　　　Marie 38ans
(infirmière)　　　(ingénieur)　　　(fonctionnaire)　　　(enseignante)

Gabriel 2ans

ex.1 　**1-1.** 家族のイラストを見て、質問に答えよう。

① Pierre a quel âge ?

② Marie, qu'est-ce qu'elle fait ?

③ Jean a combien d'enfants ?

④ Claire a des frères ?

1-2. Robert の立場で、質問に答えよう。

① Ton père, il a quel âge ?

② Ta sœur, qu'est-ce qu'elle fait ?

③ Gabriel est ton frère ?

PARLONS

隣の人に質問してみよう。

1) Tu as quel âge ?

2) Tu as des frères ?

3) Tu as un chat ?

 ÉCOUTONS

1) フランソワが自分の家族について話しています。内容を聞き取って表を埋めよう。 30

名前	フランソワとの関係	職業・身分	年齢	その他
Jacques				
Robert				
Sophie				

2) 音声を聞いて、( ) を埋めよう。 31

① ( ) sœur, qu'est-ce qu'( ) ( ) ?

— ( ) ( ) employée.

② Tu ( ) ( ) chien ?

— Non, je n'( ) ( ) ( ) chien. Mais j'( ) un ( ).

③ Ton ( ), ( ) a ( ) âge ?

— Il a ( ) ans.

 ÉCRIVONS

1) 私は姉妹がいません。

_____

2) 私の兄は 34 歳です。

_____

La date : (/ /)　　　　　先生のチェック： 印

Leçon 5

Ta sœur, elle est comment ?

家族について話そう！(2)

  ①

Ta sœur, elle est comment ?

Elle est grande et sportive.

 ②

Quelle est la profession de ton père ?

Il est médecin.

Ah, il est riche et intelligent !

  ③

Qui est cette fille ?

C'est Marie, la sœur de Jean.

Elle porte une jolie robe !

 **これ** 大事！

1) 疑問詞 (　　　　　) は人の特徴や性質を尋ねるときにも使います。

2) 主語に合わせて形容詞も性数一致します。grand-(　　　　) のように、女性形は男性形に -e を
つけます。sportif-(　　　　) のにように特別な形もあります。複数形は -s をつけます。

3) quel は「何の、どんな」を意味する疑問形容詞で、尋ねている名詞の性数にあわせて、変化しま
す。☞ (　　　　) livre ? : 何の本　　(　　　　) fleur ? : 何の花

4) 形容詞を直接名詞につける場合、原則的に後ろにつけますが、よく使われる短い形容詞、grand,
petit, beau, bon, joli, jeune などは前につけます。

VOCABULAIRE 次の形容詞の女性形と意味を調べよう。

男性形	女性形	意味	男性形	女性形	意味
grand		背が高い	intelligent		
petit			sympathique		
mince			timide		
beau			gentil		
	jolie	かわいい	riche		

［PRÉP］1. (　　) に petit を適切な形にして入れよう。

1) Il est (petit).　　　　2) Elle est (　　　　).

3) Ils sont (　　　　).　　　4) Elles sont (　　　　).

［PRÉP］2. (　　) に noir を適切な形にして入れよう。

1) C'est un chapeau (noir).　　2) Ce sont des pantalons (　　　　).

3) C'est une robe (　　　　).　　4) Ce sont des lunettes (　　　　).

［PRÉP］3. 音声を聞いて、(　　) を形容詞で埋めよう。　🎧35

1) (　　　　　) oncle s'appelle Robert. Il est professeur. Il est (　　　　) mais il

n'est pas (　　　　). Il a une (　　　　) maison à la campagne.

2) (　　　　) tante s'appelle Fabienne. Elle est (　　　　) mais elle n'est pas

(　　　　). Elle a un (　　　　) chat (　　　　).

・à la campagne 田舎に

ex.1 （　　　）にquelを正しい形にして入れ、それに対応する答えを線でつなごう。

1)（　　　　　）est votre nom ?　　　•　　　　•　— C'est 24, rue de la paix.

2)（　　　　　）est votre nationalité ?　•　　　　•　— Nous sommes lundi.

3)（　　　　　）est votre adresse ?　　•　　　　•　— Je m'appelle Jean.

4)（　　　　　）jour sommes-nous ?　　•　　　　•　— Je suis chinois.

ex.2 彼／彼女の服を色でコーディネートしよう。形容詞を下から選び、正しい形にして（　　　）に入れよう。

Claire　　　　　　　Jacques　　　　　　Sophie

1)　Claire porte un chemisier (　　　　　　　) et une jupe (　　　　　　).

2)　Jacques porte une chemise (　　　　　　) et un pantalon (　　　　　).

3)　Sophie porte une robe (　　　　　) et des chaussures (　　　　　).

色：　noir（黒い），blanc（白い），rouge（赤い），bleu（青い），vert（緑の）
　　　jaune（黄の），rayé（ボーダーの），à pois（水玉の）

24

PARLONS

自分や隣の人の服装をフランス語で表現してみよう。

Je / Il / Elle porte〜.

_____

_____

 ÉCOUTONS

1）読まれた文章の番号に対応する絵を選び、その番号を書こう。

（　　　） 　　（　　　） 　　（　　　） 　　（　　　）

2）音声を聞いて、（　）を埋めよう。 37

① Elle porte （　　　　　）（　　　　　　）（　　　　　）.

② Elle est （　　　　　）?

— Elle est （　　　　　） et （　　　　　）.

 ÉCRIVONS

1）君のお母さんはどんな人？　— 彼女は美しくて、やさしいです。

_____

2）君の兄の職業は何？　— 会社員です。

_____

La date : （　　/　　/　　　　） 　　　　　先生のチェック：印

Tu aimes la musique ?

好きなもの・好きなことについて話そう！

 ①

> Tu aimes la musique ?

> Oui, j'aime beaucoup le rock japonais. Et toi ?

> Moi, je n'aime pas le rock japonais, mais j'adore la pop coréenne.

 ②

> Tu aimes faire du sport ?

> Oui, j'aime faire de la natation.

 ③

> Tu aimes le café ?

> Oui, je bois du café tous les jours.

> Moi, je préfère le thé.

 これ 大事！

1) J'adore〜（大好き）＞ J'aime beaucoup〜（　　　　　　　　　）＞ Je n'aime pas beaucoup
   （　　　　　　　　　）と、ニュアンスをつけることができます。

2) je <u>bois</u> は不規則動詞（不定詞：　　　　　　　　　）。

3) le rock <u>japonais</u> と la pop <u>japonaise</u> を比較して、形容詞の性数一致に注意しよう。

4) 数えられないものを表す名詞には、部分冠詞をつけます。J'aime（　　）café. のように、「〜が好き」という場合は定冠詞をつけ、Je bois（　　）café. のように「〜を飲む / 食べる」という場合は部分冠詞をつけます。

	m.s.	*f.s.*	*m.f.pl.*	使い方
定冠詞			les	総称としての名詞につける。
部分冠詞	(de l')	(de l')		数えられない名詞につける。

VOCABULAIRE 1. 次の名詞の意味を調べよう。

rock (*m.*) ロック	natation (*f.*) 水泳	café (*m.*) コーヒー
pop (*f.*) ポピュラー音楽	foot (　　)	thé (*m.*) お茶
cinéma (　　)	sport (　　) スポーツ	vin (　　)
cuisine (　　)	danse (　　)	bière (　　)

VOCABULAIRE 2. 次の形容詞の意味を調べ、女性形も書いてみよう。

japonais　日本の	japonaise	italien	
anglais		coréen　韓国の	
américain		chinois	

［動詞活用］aimer, préférer の活用の空欄を埋めて、さらに練習しよう。

		aimer　（意　　　　　）	préférer　（意　　　　　）
je	-e	j'aime	je
tu	-es	tu	tu préfères
il/elle	-e	il aime	il
nous	-ons	nous	nous préférons
vous	-ez	vous aimez	vous
ils/elles	-ent	ils	ils préfèrent

［PRÉP］音声を聞いて、（　　）を埋めよう。　🎧41

1) Elle (　　　) la pop (　　　　　　).

2) Nous (　　　　) (　　　　) la cuisine (　　　　　).

3) J'aime (　　　) thé. Je bois (　　　) thé (　　　　　) tous les jours.

4) Ils (　　　　) (　　　) foot. Ils font (　　　) foot le weekend.

＊ tous les jours　毎日

27

ex.1 | **CULTURE** （　　）にあてはまる適切な人物を選んでみよう。

1) J'aime (　　　　　　　　　　). J'adore la musique classique.

2) Elle aime (　　　　　　　　　　). Elle aime l'histoire française.

3) Il aime beaucoup (　　　　　　　　　　).Il aime la peinture impressionniste.

4) Elles aiment (　　　　　　　　　　). Elles adorent la mode française.

人物：Chanel, Chopin, Monet, Napoléon

ex.2 | 例文を参考に、どちらか好きなものを選んで、質問と答えを作ってみよう。

> 例文：Tu préfères les chats ou les chiens ? — Je préfère les chats.

1) le café noir ／ le café au lait

....

2) le poisson ／ la viande

....

3) la cuisine italienne ／ la cuisine chinoise

....

ex.3 | 例文を参考に、どちらか好きなことを選んで、質問と答えを作ってみよう。

> 例文：Tu aimes faire du foot ?
>
> — Non, je n'aime pas faire du foot. Mais j'aime faire de la natation.

1) rester à la maison ／ sortir

....

2) écouter de la musique ／ regarder des films

....

3) danser en boîte ／ chanter au karaoké

....

　* en boîte：クラブ（ディスコ）で

PARLONS

p.28 の ex.1 , ex.2 の質問を、隣の人とお互いに質問して答えてみよう。

_____

_____

_____

ÉCOUTONS

1）読まれた文章の番号に対応する絵を選び、その番号を書こう。

（　　　）　　　　　（　　　）　　　　　（　　　）　　　　　（　　　）

2）音声を聞いて、（　）を埋めよう。

① J'aime (　　　　　　) (　　　　　　). Je (　　　　　　) (　　　　　　) (　　　　　　)

　 tous les jours.

② Elle aime (　　　　　) faire (　　　　　) (　　　　　).

 ÉCRIVONS

1）あなたはフランス料理が好きですか？

_____

2）彼女は音楽を聴くのが好きだ。

_____

_____

La date :（　　/　　/　　　　）　　　　　　　先生のチェック： 印

Qu'est-ce que tu manges au petit déjeuner ?

食事について話そう！

  ①

D'habitude, qu'est-ce que tu manges au petit-déjeuner ?

Je mange du pain avec de la confiture. Et toi ?

Moi, je mange du riz et de la soupe de miso.

  ②

Qu'est-ce que vous prenez comme entrée ?

Je prends six escargots.

Et comme plat ?

Un steak frites, s'il vous plaît.

 ③

Quels sont ces légumes ?

Ce sont des endives.

* d'habitude ふだん

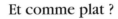 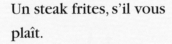

👉 これ 大事！

1) qu'est-ce que ＝ que（何を）＋ est-ce que（疑問文を作るパーツ）。
   Qu'est-ce (   ) mange ?　彼は何を食べますか？

2) comme entrée は、「前菜として」の意味です。comme entrée / plat / dessert / boisson。意味はそれぞれ、（前菜 /　　　　　 /　　　　　 /　　　　　）です。

3) ces légumesのcesは「これら、それら」（複数）を意味する指示形容詞です。空欄を埋め、単数の形「この、その」も一緒に覚えよう。

m.s.	( )	cet	f.s.	( )
m.f.pl.	( )			

※ cetは無音のhもしくは母音で始まる男性名詞に付けます。ce matin (　　　　　)のような慣用句も作ります。

VOCABULAIRE　次の名詞の意味を調べよう。

pain (*m.*) パン	riz (　)	bœuf (　)
confiture (　)	soupe (*f.*) スープ	poulet (　)
beurre (　)	fromage (　)	poisson (　)
vin (　)	salade (　)	viande (　)

［動詞活用］　空欄を埋めて、prendre と boire の活用を覚えよう。

prendre　（意　　　　　）		boire　（意　　　　　）	
je prends	nous	je	nous buvons
tu	vous	tu	vous
il	ils prennent	il boit	ils

［PRÉP］1. 音声を聞いて、（　）に指示形容詞 ce, cet, cette, ces のいずれかを入れよう。　🎧47

1)　(　　　　　　) baguette est fraîche !

2)　Quel est (　　　　　) arbre ?

3)　Tu prends (　　　　　) chaussures ?

4)　Je sors (　　　　　) soir !

　　　　　　　　　　　　　　　　　　　　　* frais-fraîche
　　　　　　　　　　　　　　　　　　　　　* sors → sortir

［PRÉP］2. prendre にはいろいろな意味があります。正しく活用させて（　）に入れ、どのような意味で使われているか調べよう。

1)　Tu (　　　　) un bain ?　　— Non, je (　　　　　) une douche.

2)　Vous (　　　　) le bus ?　　— Non, nous (　　　　　) un taxi.

3)　Elles (　　　　) des photos dans le jardin.

CULTURE どんな料理か線で結び、どこの地方料理か地図で確認しましょう。

1) choucroute (Alsace) ・　・ 魚介類のスープ

2) bœuf bourguignon (Bourgogne) ・　・ そば粉のクレープ

3) bouillabaisse (Provence-Côte d'Azur) ・　・ ガチョウ肉と白いんげんの煮込み

4) cassoulet (Midi-Pyrénées) ・　・ キャベツの酢漬け

5) galette (Bretagne) ・　・ 牛肉の赤ワイン煮

ex.2 食べたいものを選択肢から選んで、文を作ってみよう。

Menu

Entrées
terrine de foie gras
salade niçoise
saumon fumé

Plat
magret de canard
pavé de saumon
steak frites

dessert
crème brûlée
mousse au chocolat
assiette de fromages

---

1) Qu'est-ce que vous prenez comme entrée ?

[une terrine de foie gras, une salade niçoise, un saumon fumé]

....

2) Et comme plat ?

[un magret de canard, un pavé de saumon, un steak frites]

....

3) Et comme dessert ?

[une crème brûlée, une mousse au chocolat, une assiette de fromages]

....

💬 PARLONS

隣の人に朝食に何を食べるか、何を飲むか聞いてみよう。

_____

_____

_____

👩 ÉCOUTONS

1) 話題になっている食べ物や料理を聞き取ってみよう。 🎧48

①		②		③	

2) 音声を聞いて、（　）を埋めよう。 🎧49

① (　　　　　　　), qu'est-ce que tu (　　　　) au (　　　　　　) ?

— Je mange (　　) pain avec du (　　　　). Et toi ?

— Moi, je ne bois que du (　　　　) (　　) (　　　　).

② Qu'est-ce qu'elle (　　　　) ?

— Elle (　　　　　) du vin (　　　　　).

＊ ne...que~　～しか...ない

✏️ ÉCRIVONS

1) ふだん、彼女は朝食にご飯を食べます。

_____

2) 君はデザートに何を取るの？

_____

La date : (　　/　　/　　　　) 　　　　　　　　先生のチェック： 🔴

Tu vas où en France ?

旅行に出かけよう！

①

> Je vais en France cet été !
>
> Tu vas où en France ?
>
> Je vais à Paris et à Bordeaux.

②

> Je vais au marché pour acheter des fruits.
>
> Tu y vas comment ?
>
> J'y vais en métro.

③

> Qu'est-ce que vous allez faire cet après-midi ?
>
> Je vais faire du shopping aux Champs-Élysées !

* cet été この夏

これ 大事！

1）aller à 〜 = 〜に行く。35ページの表で、aller の活用を覚えよう。

2）前置詞 à ＋定冠詞の縮約形

Je vais (à ＋ le → 　　　　) marché. 　Je vais (à ＋ les → 　　　　) Champs-Élysées.

à ＋ la, à ＋ l' はそのまま。ただし女性名詞の国の場合は、à ＋ la の代わりに前置詞 en を使います。

Je vais (　　　　) France.

3）y（そこに）は、à ＋ 〜 に代わる代名詞。動詞の直前に置きます。

Je vais <u>à Paris</u>. → (　　　　　　　　). 　発音は？

4）交通手段を表す前置詞 en ＋ 乗り物：en métro（地下鉄で）

また疑問詞 (　　　　) を使って交通手段を尋ねます。

5）近い未来：aller ＋不定詞。〜するつもり、〜するところ。aller を現在で活用させたものに不定詞をつけます。je vais faire → tu (　　　　) faire, il (　　　　) faire…

VOCABULAIRE　1. Je vais...

(au) concert	(　　) musée	(　　) cinéma
コンサート		
(　　) marché	(　　) église	(　　) château
市場		

VOCABULAIRE　2. Je vais...

(en) France	(　　) Angleterre	(　　) Allemagne	(　　) Belgique
フランスへ			
(　　) Japon	(　　) États-Unis	(　　) Canada	(　　) Sénégal
日本へ		カナダへ	

VOCABULAIRE　3. J'y vais en...

voiture (　　)	bus (　　)	train (　　)
métro (*m.*)　地下鉄	avion (　　)	bateau (　　)

・ J'y vais à pied. ＝ 私は徒歩で行く。

［**動詞活用**］空欄を埋めて、aller の活用を覚えよう。

aller	
je vais	nous
tu	vous
il/ elle	ils/ elles

［**PRÉP**］現在の文を、近い未来の文に書き換えよう。

1) Je déjeune.（私はお昼を食べる）　→　Je vais déjeuner.（私はお昼を食べるつもり）

2) Tu regardes la télé ?　→　Tu (　　　　　　) (　　　　　　) la télé ?

3) Nous faisons une fête.　→　Nous (　　　　　　) (　　　　　　) une fête.

ex.1 **CULTURE** [   ] には aller を活用させて入れ、（   ）は下から選び、左の pour〜と
線で結ぼう。

1) Je [   ] (   ) musée du Louvre •   • pour déguster du vin.

2) Il [   ] (   ) Champs-Elysées •   • pour voir la Joconde.

3) Elles [   ] (   ) Tour Eiffel •   • pour faire du shopping.

4) Elles [   ] (   ) Bordeaux •   • pour voir Paris d'en haut.

　　　　　　　　　　　　　　　　　　　　　　　* déguster〜 試飲する

　　　　　　　　　　　　　　　　　　　　　　　* d'en haut 高いところから

前置詞：à, au, à la, à l', aux

ex.2 あなたはパリにいます。目的地に行くための適切な交通手段を [   ] から選ぼう。

Vous êtes à Paris…

1) Vous allez comment au musée du Louvre ? — J'y vais (   ).

2) Vous allez comment à Bordeaux ? — J'y vais (   ).

3) Vous allez comment à Tokyo ? — J'y vais (   ).

前置詞 + 名詞：en avion, en bus, en TGV

ex.3 2人の会話を読んで、質問に答えよう。

Qu'est-ce que tu vas faire
pendant les vacances d'été ?

Cet été, je vais aller à la montagne. Je
vais faire de la randonnée. Et toi ?

Moi, je vais aller à la mer. Je
vais faire du ski nautique.

Isabelle　　　　　　　　　　　　　　　　　　　　　Stéphane

1) Isabelle, qu'est-ce qu'elle va faire ?

　...

2) Stéphane, qu'est-ce qu'il va faire ?

　...

PARLONS

隣の人に今週末どこに行くか、どうやって行くか聞いてみよう。

Où vas-tu ce weekend ?

— Je vais _____ .

Comment y vas-tu ?

— J'y vais _____ .

 ÉCOUTONS

1）音声を聞いて、どこに、どうやって行くのかを空欄に書こう。　🎧53

	どこに	どうやって
①	/	
②	/	
③	/	

2）音声を聞いて、（　　）を埋めよう。　🎧54

①　Tu vas (　　) (　　) (　　) ?

　　— Je (　　) (　　) Osaka.

②　Vous allez à Paris (　　) (　　) du shopping ?

　　— Oui, (　　) (　　) (　　) TGV.

ÉCRIVONS

1）彼は歩いて映画館に行く。

_____

2）君はどうやってフランスに行くの？

_____

La date :（　　/　　/　　　　）　　　　先生のチェック：　印

Quel temps fait-il à Paris ?

天候について話そう！時刻と所要時間を言ってみよう！

  ①

> Quel temps fait-il à Paris ?
>
> Il fait très froid.
>
> Il faut acheter un manteau !

  ②

> Quelle heure est-il à Paris ?
>
> Il est onze heures du soir.
>
> A Tokyo, il est six heures du matin.

  ③

> Il faut combien de temps pour aller à Paris ?
>
> Il faut dix heures et demie en avion.

 大事！

1) Il fait 〜. は天気の表現です。Il pleut （意　　　　　　　　）< pleuvoir のように動詞が天気を表す場合もあります。（　　　　　　）temps fait-il ? で、どんな天気かを尋ねます。このtempは「天気」。

2) Il faut ＋名詞：〜が必要。Il faut ＋時間で所要時間を表します。（　　　　）（　　　　）temps? で、所要時間を尋ねます。このtempは「時間」。
   Il faut ＋不定詞：〜しなければならない。

3) 時刻
   Quelle heure est-il ?　→　Il est une heure. Il est deux heures.
   du matin は（　　　）、du soir は（　　　）、という意味です。

VOCABULAIRE　Quel temps fait-il ?　絵に合うように下から選んで、（　　）に入れよう。

(　　　　　　)　　　　(　　　　　　)　　　　(　　　　　　)

(　　　　　　)　　　　(　Il fait beau.　)　　　　(　　　　　　)

(Il fait mauvais.)　　　　(　　　　　　)　　　　(　　　　　　)

> Il fait beau.　Il fait chaud.　Il fait humide.　Il fait froid.　Il fait mauvais.
> Il neige.　Il pleut.　Il y a du soleil.　Il y a du vent.

[**PRÉP**] 時計の針を書き込んでみよう。

1)　　　　2)　　　　3)　　　　4)　　　　5)

1)　Il est trois heures cinq.

2)　Il est six heures et quart.

3)　Il est sept heures et demie.

4)　Il est onze heures moins le quart.

5)　Il est midi / minuit.

---

ex.1 **CULTURE** 地図を見て、次の質問に答えよう。

1) Quelle heure est-il à Paris ?

2) Quelle heure est-il à Montréal ?

3) Il fait beau à Londres ?

4) Quel temps fait-il à Moscou ?

5) Il fait froid à Dakar ?

ex.2 右の文の意味を調べ、左の文と線で結ぼう。

1) Il y a du soleil.　・ 　　　・ Il faut un chapeau.

2) Il fait humide.　・ 　　　・ Il faut un parapluie.

3) Il neige.　　　・ 　　　・ Il faut faire du ski.

4) Il pleut.　　　・ 　　　・ Il ne faut pas faire la lessive.

PARLONS

1) ex.1 の地図を見ながら、各都市の時間と天候について隣の人に質問してみよう。

2) 下の時計を指さして、隣の人に時刻を質問してみよう。

 ÉCOUTONS

それぞれの都市の時刻と天候を聞き取ってみよう。 58

都市	時刻	天候
パリ		
モントリオール		
モスクワ		
東京		

 ÉCRIVONS

1) ダカールは何時ですか？　天気はどうですか？

_____

2) ロンドンに飛行機で行くのにどれくらい時間がかかりますか？

_____

La date :　(　　/　　/　　　　)　　　　　　　　先生のチェック：　

41

La France est plus grande que le Japon ?

比較してみよう！

 ①

> La France est plus grande que le Japon ?

> Oui, mais elle est moins peuplée que le Japon.

 ②

> Le vin français est meilleur que le vin italien !

> Tu as tort ! Le vin italien est aussi bon que le vin français !

> Non, le vin français est le meilleur du monde !

 ③

> Jean joue au foot mieux que Pierre !

> Tu as raison ! Il court plus vite que ses camarades !

これ 大事！

1) 形容詞の場合
   比較級と最上級

   Paul est | plus（＋）
            | aussi（＝） grand que Jean.   que ～よりも
            | moins（−）

   Paul est | le plus grand   de la classe.   de ～の中で
            | le moins grand

   ただし ~~plus bon~~ は特別な形（　　　　　　）になります。

2) 副詞の場合 → Jean court plus vite que Pierre.   *court ＜ courir
   ~~plus bien~~ は特別な形（　　　　　）になります。

3) avoir ＋ 無冠詞名詞　avoir tort（意　　　　　　　　）⟷ avoir raison（意　　　　　　　　）

4) jouer au foot：サッカーをする。→ jouer au tennis（意　　　　　　　）

［PRÉP］1. avoir ＋ 無冠詞名詞の表現を調べ、絵と結んでみよう。

J'ai chaud.　　J'ai faim.　　　J'ai froid.　　J'ai mal à la tête.　　J'ai soif.

［PRÉP］2. 音声を聞いて、（　　）を埋めよう。

1) Jean est (　　　　　) (　　　　　) (　　　　　) Pierre.

2) Pierre est (　　　　　) (　　　　) Jean en maths.

3) J'aime (　　　　) le café (　　　　) le thé.

4) Françoise est la (　　　　) (　　　　) (　　　　) la classe.

5) Marie chante (　　　　) (　　　　) (　　　　) ma famille.

［PRÉP］3. （　　）に bon(ne)(s) もしくは meilleur(e)(s) を適切な形にして入れよう。

1) Ce gâteau est (　　　　　). Mais cette tarte est (　　　　　) que ce gâteau.

2) Ces fraises sont (　　　　　). Mais ces framboises sont (　　　　　) que ces fraises.

CULTURE 比較してみよう！（　　）の形容詞を使って、............ を埋めよう。

1) 富士山 3776m ／ モンブラン 4810m（haut）

Le Mont Fuji est .... le Mont Blanc.

2) エッフェル塔 1887年 ／ 東京タワー 1958年（ancien）

La Tour Eiffel est .... la Tour de Tokyo.

3) 新幹線443km/h ／ TGV 574.8km/h（vite）

Le TGV roule .... le Shinkansen.

ex.2 **CULTURE** フランスに関する一番を、最上級を使って表現しています。（　　）を埋めてみよう。使用する形容詞は下から選んでください。

1) Le musée du Louvre est (　　　　　　) (　　　　　　) (　　　　　　) du monde.

2) La Loire est (　　　　) (　　　　　) (　　　　　　) fleuve de France.

3) La France est (　　　　　) (　　　　　) (　　　　　　) pays de l'Union européenne.

4) Pour les garçons, Gabriel est le prénom (　　　　　) (　　　　) (　　　　　) en France.

形容詞：grand, long, populaire, visité

* visité 訪問客が多い

PARLONS

次の人物の身長(grand/petit)、年齢(âgé)を比較する質問を隣の人にしてみよう。

Jacques　　　　François　　　　Anne　　　　Claire

(20歳、165cm)　(35歳、175cm)　(18歳、165cm)　(25歳、160cm)

 ÉCOUTONS

1) 3人を比較した文を聞いて、(　) を埋めよう。

① Jean, Pierre, Marie のうち、最も身長が高いのは (　　　) です。

② Jean, Pierre, Marie のうち、最も年上なのは (　　　) です。

2) 音声を聞いて、(　) を埋めよう。

① Le Japon est (　　　)(　　　)(　　　) la France ?

② Oui, mais il est (　　　)(　　　)(　　　) la France.

 ÉCRIVONS

1) エッフェル塔は東京タワーより低い。

2) ルクセンブルク (Le Luxembourg) はEUで最も小さい国だ。

La date : (　/　/　　) 　　　　先生のチェック：印

Il y a un supermarché près d'ici ?

買い物をしてみよう！道を尋ねてみよう！

 ①

Je voudrais essayer cette robe rouge.

D'accord. Utilisez cette cabine d'essayage.

Je prends ça. Avec ce pull, ça fait combien ?

Ça fait 110 euros.

 ②

Il y a un supermarché près d'ici ?

Tournez à droite, c'est à côté du café.

 ③

Pour aller à l'Opéra Garnier ?

Prenez le bus numéro 27 et descendez au troisième arrêt.

これ 大事！

1) Je voudrais ＋不定詞：〜したいのですが（丁寧な言い方になります）

2) 命令形：主語（tu, vous, nous）を省いて、作ります。それぞれ、tu（〜して、〜しろ）、vous
（　　　　　）、nous（　　　　　　　）の意味に対応します。-er 動詞やaller の tu の場合、語
末の -s を除きます。Ne 〜 pas ではさむと禁止の文になります。

3) à côté du café ＝ à côté de ＋ le café：de と le が並ぶと縮約されて、du となります。
de と les が並ぶと？　☞（　　　　　　　）
à côté（　　　　　）toilettes：トイレのとなりに。de ＋ la, de ＋ l' は縮約されません。

4) 値段をたずねる言い方：C'est combien ? / Ça fait combien ?

5) au troisième arrêt：troisième は序数で3番目の意味です。trois ＋ ième で作ります。prendre
la deuxième rue à droite は（　　　　　　　　　　　）という意味です。

［**動詞活用**］動詞の命令形を書いてみよう。

	regarder	aller	prendre	descendre
tu				
vous				
nous				

VOCABULAIRE 数字100～150：空欄を埋めよう。

100	110	120	130	140	150
cent	cent dix			cent quarante	

［**PRÉP**］**1.** 下の動詞を命令形にして（　）に入れよう。

1)　(　　　　　　　) la première rue à gauche ! ［1つ目の通りを左に行って］

2)　(　　　　　　　) tout droit ! ［まっすぐ行ってください］

3)　(　　　　　　　) à la Gare du Nord. ［北駅で降りましょう］

4)　Ne (　　　　　　　) pas la rue au feu rouge. ［赤信号で通りを渡ってはけいません］

> aller,　descendre,　prendre,　traverser

［**PRÉP**］**2.** 音声を聞き、下から選んで（　）を埋めよう。　🎧68

1)　Je viens (　　　　　) Japon.

2)　Regarde la vitrine (　　　　　) magasins !

3)　Il y a un hôtel en face (　　　　　) gare.

4)　Il y a un jardin à côté (　　　　　) église.

> de la,　de l',　des,　du

絵の内容に合うように .... に前置詞を入れよう。

La souris est …

① .... le fromage.

② .... la tasse.

③ .... la chaise.

④ .... le chat.

⑤ .... la porte.

前置詞：[dans, derrière, devant, sous, sur]

ex.2 2つのアイテムを選び、指示形容詞をつけて値段の合計を尋ねる文を作ってみよう。

T-shirt (10€)   polo (20€)   chemise (30€)   jupe (40€)

pantalon (50€)   pull (60€)   chaussures (70€)   robe (80€)

例) Ça fait combien, ce polo et cette chemise ? — Ça fait cinquante euros.

1) ....

2) ....

3) ....

 **PARLONS**

ex.2 のイラストを見ながら、2つ選んで隣の人に値段を尋ねてみよう。

_____

_____

_____

 ÉCOUTONS

音声を聞き、どこにたどり着くか書いてみよう。

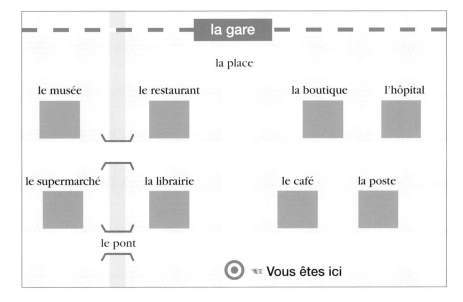

①	②	③

· la place 広場
· le pont 橋

ÉCRIVONS

1) この黒い靴を試し履きしてみたいのですが。（5課参照）

_____

2) あの赤いセーターを見て下さい。

_____

La date : (/   /   )   先生のチェック： 印

49

Leçon 12 — Tu te lèves à quelle heure ?

一日の行動を説明してみよう！

①

> Le dimanche, tu te lèves à quelle heure ?

> Je me lève à huit heures. Et je vais acheter une baguette et des pains au chocolat.

②

> Le matin, qu'est-ce que tu fais ?

> Je me lave le visage, je m'habille…

> Et après ?

> Je me maquille et je sors avec mon copain !

③

> On va se voir samedi ?

> Tu viens chez moi ?

> D'accord. Je vais apporter une bouteille de vin.

これ 大事！

1）se のついた動詞を代名動詞と言います。「自分に〜する」という使い方をします。se lever は「自分を起こす＝起きる」。

2）se laver le visageは「顔を洗う」という意味で、seは自分に対する行為であることを表します。身体の部位には定冠詞をつけます。

3）se voir は「互いに会う」という意味で、主語が人で、複数になる場合です。onはnousの意味で使われています。近い未来で代名動詞を使うとき、se は主語に合わせます。

☞ Je vais（　　　　）lever.：私は起きるところだ。

［**動詞活用**］1. 代名動詞の活用を覚えよう。

se lever　起きる		se laver le visage　顔を洗う	
je me lève			
	vous vous levez		
il se lève			

［**動詞活用**］2. venir と sortir の活用を覚えよう。

venir　来る		sortir　出かける	
je viens			nous sortons
	vous venez	tu sors	

VOCABULAIRE　月曜から日曜まで、順番に並べてみよう。　🎧73

samedi,　mercredi,　lundi,　vendredi,　dimanche,　jeudi,　mardi

lundi						dimanche

［**PRÉP**］次の代名動詞の意味を調べ、指定の主語で活用させてみよう。

1) se maquiller（化粧をする）　　→　Elles (　　　　　) (　　　　　).

2) se coucher (　　　　　)　　→　Nous (　　　　) (　　　　　).

3) se laver le visage（顔を洗う）　→　Tu (　　　) (　　　　) le visage.

4) se brosser les dents (　　　　) →　Je (　　　) (　　　　) les dents.

5) s'aimer (　　　　)　　→　Nous (　　　　) (　　　　　).

ex.1 [CULTURE] 下の動詞から適切なものを選び、活用させて（　　）に入れよう。

1) Il (　　　　　　　) aux Champs-Élysées.

2) Elles (　　　　　　　) au Café de Flore.

3) Nous (　　　　　　　) à Disneyland Paris.

4) Vous (　　　　　　　) à Nice ?

　動詞： se promener, se reposer, s'amuser, se baigner

ex.2 （　　）の代名動詞を適切な形にして .... に入れ、訳してみよう。

1) J'aime beaucoup .... sur les quais de la Seine.
(se promener)

....

2) Nous devons .... les dents deux fois par jour.
(se brosser)

....

＊ devoir ＋不定詞：〜しなければならない

ex.3 （　　）の代名動詞を使って、近い未来の文を完成させ、訳してみよう。

1) Vous .... à quelle heure ce soir ?
(se coucher)

....

2) Mes sœurs .... en robe rouge pour le bal.
(s'habiller)

....

PARLONS

隣の人に次の質問をしてみよう。

· D'habitude, tu te couches à quelle heure ?

· Le samedi matin, tu te lèves à quelle heure ?

· Le dimanche, qu'est-ce que tu fais ?

 ÉCOUTONS

1) 読まれた文章の番号に対応する絵を選び、その番号を書こう。

(   )   (   )   (   )   (   )

2) 音声を聞いて、(   ) を埋めよう。

① Je (   ) (   ) les dents.

② Elle (   ) (   ) à minuit.

③ (   ) (   ) ce soir.

 ÉCRIVONS

1) 彼は7時に起きます。

_____

2) 彼女はメイクをするところです。

_____

La date : (/   /   )   先生のチェック：

Tu fais la bise à tes amis ?

習慣について話してみよう！

①

> Tu connais Napoléon ?

> Oui, je le connais. C'est un personnage historique.

> Parle-moi de lui !

②

> Tu fais la bise à tes amis ?

> Oui, je leur fais la bise. C'est commun en France.

③

> On peut fumer dans le café ?

> Vous pouvez fumer sur la terrasse, mais pas dans la salle.

 これ 大事！

1) 補語人称代名詞は2種類あります。（　　　　　　　　）目的補語（動詞の後ろに直接置かれる）を受けるもの、（　　　　　　　）補語（動詞の後ろにàをはさんで置かれる）を受けるものです。
   直接目的補語：Je connais <u>Napoléon</u>. →　Je（　　　　）connais.
   間接目的補語：Je parle <u>à Paul</u>. →　Je（　　　　）parle.

2) Parle-<u>moi</u> de lui !：肯定命令の場合、代名詞は動詞の後ろに置き、−（ハイフン）でつなぎます。その際、me → moi になります。前置詞 de に続く lui は強勢形です。前置詞の後や、主語の強調などに用いられます。

3) pouvoir ＋不定詞：〜できる。

VOCABULAIRE 補語人称代名詞の表を埋めよう。

主語	je	tu	il	elle	nous	vous	ils	elles
直接目的	me	te			nous	vous		
間接目的	me	te			nous	vous		
強勢形			lui	elle	nous	vous		elles

［動詞活用］ 空欄を埋めて、connaître と pouvoir の活用を覚えよう。

connaître ～を知っている		pouvoir ～できる	
je connais			
			vous pouvez

［PRÉP］ 1. 音声を聞き、下線部を代名詞に置き換えてみよう。 🎧79

    1) Sophie quitte <u>Jean</u>.   → Sophie (   ) quitte.

    2) Il téléphone <u>à sa mère</u>.   → Il (   ) téléphone.

    3) Vous donnez ces fleurs <u>à vos parents</u> ?

                → Vous (   ) donnez ces fleurs ?

    4) Je n'aime plus <u>Paul</u>.   → Je ne (   )'aime plus.

                                      * ne ～ plus もう～ない

［PRÉP］ 2. 音声を聞き、（   ）を強勢形で埋めよう。 🎧80

    1) (   ), j'ai une guitare. (   ), tu as un violon.

    2) Tu danses avec (   ) ?

    3) C'est (   ), Isabelle ?

ex.1 CULTURE 音声を聞いて、（　　）を埋めよう。

1) Tu connais cette chanteuse française ?

— Oui, je (　　　　) connais. Elle s'appelle ZAZ.

Tu (　　　　)'aimes ?

— Oui, je (　　　　)'aime beaucoup.

2) Tu écris souvent des textos à Marie ?

— Oui, je (　　　　) (　　　　) des textos tout le temps.

3) Tu parles souvent à ton voisin dans un café ?

— Oui, je (　　　　) (　　　　). C'est commun en France.

4) Tu dis bonjour à tes professeurs ?

— Non, je (　　　　) (　　　　) dis pas bonjour.

5) Donnez-(　　　　) un kilo de cerises !

* texto メール　　tout le temps 絶えず、しょっちゅう　　tu dis＜dire 言う

ex.2 pouvoir と下の動詞を結びつけて（　　）に入れてみよう。

1) On (　　　　) (　　　　) des photos dans le musée ?　— Oui, allez-y.

2) On (　　　　) (　　　　) un portable dans l'avion ?　— Non, c'est interdit.

3) Je (　　　　) (　　　　) mon chien au restaurant ?　— Oui, bien sûr!

動詞：emmener, prendre, utiliser

PARLONS

隣の人に次の質問をしてみよう。

　　　・Tu aimes ton frère / ta sœur / tes parents ?

　　　・Tu parles souvent à ton père / ta mère ?

 ÉCOUTONS

1）読まれた文章の番号に対応する絵を選び、その番号を書こう。　

　　（　　　）　　　（　　　）　　　（　　　）　　　（　　　）

2）音声を聞いて、（　　）を埋めよう。　

① （　　　　）（　　　　　）téléphonez ?

② Tu（　　　）'aimes ?　— Oui,（　　　）（　　　　）'aime.

 ÉCRIVONS

1）　私は彼らを知っています。

_____

2）　室内でタバコは吸えません。

_____

La date :（　　/　　/　　　　）　　　　　　先生のチェック：㊞

Qu'est-ce que tu as fait à Paris ?

旅行中にしたことを話してみよう！（1）

  ①

Je viens de rentrer de France.

Ah bon ? Qu'est-ce que tu as fait à Paris ?

J'ai visité le musée du Louvre.

 ②

Qu'est-ce que tu as vu ?

J'ai vu la Joconde.

 ③

Tu as pris le TGV ?

Non, je n'ai pas eu le temps.

 これ 大事！

1) 複合過去の作り方Ⅰ：avoirの現在形＋過去分詞

「私は〜を訪れた」は、J'ai visité 〜

「彼は〜を訪れた」は　Il (　　　　) (　　　　　　) 〜 となります。

否定文は助動詞を ne 〜 pas ではさみ、Je n'ai (　　　　) (　　　　　　) 〜 となります。

ne 〜 jamais にすると「一度も〜したことがない」になります。

2) venir de ＋ 不定詞：「〜したところ」という近い過去を表します。※ venir の活用は Leçon12 参照。

Je déjeune. （私はお昼を食べる）

→ Je (　　　　　) (　　　　) déjeuner. （私はお昼を食べたところだ）

［**動詞活用**］1. まず、avoir の活用を確認しよう。

avoir	
j'ai	

［**動詞活用**］2. 次に動詞の意味と過去分詞を調べよう。

visiter（　　　　　）	finir（　　　　　）	avoir（　　　　　）	prendre（　　　　　）
visité			
faire（　　　　　）	dire（言う）	voir（見る）	mettre（置く）

［**PRÉP**］1.（　　）の動詞を複合過去にしよう。

1)　J'(prendre：　　　　　　　　　) le métro à Paris.

2)　Il (finir：　　　　　　　　) son repas par un café.

3)　Qu'est-ce que vous (faire：　　　　　　　　　) à Marseille?

［**PRÉP**］2. 次の文を、「〜したところだ」という近い過去の文にして（　　）を埋めてみよう。

1)　Tu arrives à la gare ?　→　Tu (　　　　) d'arriver à la gare ?

2)　Il fait la fête.　　→　Il (　　　　) de (　　　　) la fête.

VOCABULAIRE　12か月を1月から並べてみよう。　

		septembre			décembre

août,　avril,　décembre,　février,　janvier,　juillet,

juin,　mars,　mai,　novembre,　octobre,　septembre

ex.1 CULTURE フランスの年間行事を調べよう。行われる月と何をする日か書こう。

	月	何の日？	何をする？
le nouvel an			
l'Épiphanie			galette des rois を食べる。
la Saint-Valentin			
le festival de Cannes	mai		
le 14 juillet	juillet		
Noël			

ex.2 CULTURE （　　）の動詞を複合過去にし、［　　］には下から適切な行事を選んで入れよう。

1) Pour [　　　　　　　　　], nous (voir :　　　　　　　　) le feu d'artifice à côté de la Tour Eiffel.

2) À [　　　　　　　　], les parents (mettre :　　　　　　　) des cadeaux sous le sapin.

3) Pour [　　　　　　　], je (dire :　　　　　　　) bonne année à mes amis.

4) Pour [　　　　　　], je (réserver :　　　　　　　) un restaurant chic pour ma fiancée.

　行事：le 14 juillet,　Noël,　le Nouvel An,　la Saint-Valentin

PARLONS

次の質問に答えよう。したことがなければ、ne 〜 jamais で答えよう。

Tu as déjà pris le TGV ?

Tu as déjà pris le Shinkansen ?

Tu as déjà vu la Joconde ?

 ÉCOUTONS

1）次の人物が何をしたか聞き取ろう。 88

名前	Michel	Sylvie	Fabien
したこと			

2）音声を聞いて、（　）を埋めよう。 89

① Il (　　　) (　　) (　　　) de Paris.

② Qu'est-ce qu'elles (　　　) (　　　) ?

— Elles (　　) (　　　) le château de Versailles et elles (　　)

(　　) le hameau de Marie Antoinette.

 ÉCRIVONS

1）彼女は、彼女の友人たちにこんにちはと言った。

_____

2）彼らはおしゃれなレストランに予約したところだ。

_____

La date :（　　/　　/　　　）　　　　　先生のチェック： 印

Où est-ce que vous êtes allés ?

旅行中にしたことを話してみよう！ (2)

Vendredi, je suis arrivée à l'aéroport Charles de Gaulle. Pierre est venu me chercher.

Samedi, où est-ce que vous êtes allés ?

Nous sommes allés au Mont Saint-Michel. Nous sommes rentrés tard dans la nuit.

C'était comment ?

C'était magnifique !

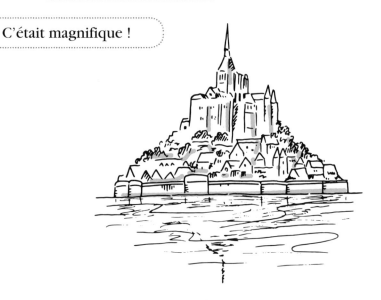

 **これ** 大事！

1) 複合過去の作り方Ⅱ：助動詞 être ＋ 過去分詞

「私は〜へ行った」は、Je suis allé 〜

「彼女は〜へ行った」は、Elle (　　　　　　) all<u>ée</u>〜

「彼女たちは〜へ行った」は、Elles (　　　　　　) all<u>ées</u> となり、être を助動詞に使う場合、過去分詞は主語と性数一致します。

2) 半過去：語尾活用で作る過去形です。過去における状態、習慣を表します。ここでは être の半過去だけ扱います。C'était は C'est の半過去形です。

［**動詞活用**］**1.** まず、être の活用を確認しよう。

être	
je suis	

［**動詞活用**］**2.** 次に動詞の過去分詞を調べよう。

aller（行く）	arriver（着く）	rentrer（帰る）	venir（　　　　）
allé			
monter（　　　）	partir（　　　　）	rester（　　　　）	naître（　　　　）

［**動詞活用**］**3.** 半過去の語尾を参考にして、être の半過去の活用表を完成させてみよう。

半過去の語尾				être の半過去			
je	-ais	nous	-ions	j'étais		nous	
tu	-ais	vous	-iez	tu		vous	
il/elle	-ait	ils/elles	-aient	il/elle		ils/elles étaient	

［**PRÉP**］（　　）の動詞を複合過去にしよう。

1) Ils (partir：　　　　　　　　) pour la France.

2) Elle (venir：　　　　　　　　) chez moi.

3) Vous (naître：　　　　　　　　) en quel mois ?

　　— Je (naître：　　　　　　　　) en mars.

* chez ~　~の家に
* en quel moi　何月に

ex.1 CULTURE （　　）の動詞を複合過去にして、[　　]には下から適切な形容詞を選ぼう。

1) Je (monter：　　　　　　　　) à pied en haut de la Tour Eiffel.

C'était [　　　　　　].

2) Ils (aller：　　　　　　　) au Stade de France pour voir un match de foot.

C'était [　　　　　　].

3) Nous (rentrer：　　　　　　) de Disneyland Paris.

C'était [　　　　　　].

形容詞：amusant, excitant, fatigant

ex.2 （　　）にはêtreの半過去を入れ、[　　]には下から適切な形容詞を選ぼう（Avant～, maintenant～：以前は～、今は～）。

1) Avant nous (　　　　　　) pauvres, maintenant nous sommes [　　　　　　].

2) Avant tu (　　　　　　) petit, maintenant tu es [　　　　　].

3) Avant elle (　　　　　　) méchante, maintenant elle est [　　　　　　].

形容詞：gentille, grand, riches

PARLONS

隣の人に次の質問をしてみよう。

· Où es-tu allé(e) hier ?

· Tu es né(e) en quel mois ?（p.59 参照）

 ÉCOUTONS

1) 音声を聞いて、（　）を埋めよう。 🎧91

① Ils (　　　　) (　　　　　) tard dans la nuit.

② Où (　　　　)-vous (　　　　) ?

　— Je (　　　) (　　　　) au Mont Saint-Michel. C'(　　　　) amusant !

③ Elle (　　　　) (　　　　) en quel mois ?

　— Elle (　　　　) (　　　　) en (　　　　).

2) 次の人物が何をしたか聞き取ろう。 🎧92

名前	Michel	Sylvie	Fabienne
したこと			

 ÉCRIVONS

1) 彼女たちはモンサンミッシェルに行った。

2) 彼らは優しかった。

La date : (　　/　　/　　　　)　　　　　　先生のチェック：

動 詞 変 化 表

I. aimer   III. être aimé(e)(s)
II. arriver   IV.   se lever

1. avoir	17. venir	33. rire
2. être	18. ouvrir	34. croire
3. parler	19. rendre	35. craindre
4. placer	20. mettre	36. prendre
5. manger	21. battre	37. boire
6. acheter	22. suivre	38. voir
7. appeler	23. vivre	39. asseoir
8. préférer	24. écrire	40. recevoir
9. employer	25. connaître	41. devoir
10. envoyer	26. naître	42. pouvoir
11. aller	27. conduire	43. vouloir
12. finir	28. suffire	44. savoir
13. partir	29. lire	45. valoir
14. courir	30. plaire	46. falloir
15. fuir	31. dire	47. pleuvoir
16. mourir	32. faire	

不定形・分詞形	直　　説　　法		

I. aimer
aimant
aimé
ayant aimé
（助動詞　avoir）

	現　　　在	半　過　去	単　純　過　去
	j' aime	j' aimais	j' aimai
	tu aimes	tu aimais	tu aimas
	il aime	il aimait	il aima
	nous aimons	nous aimions	nous aimâmes
	vous aimez	vous aimiez	vous aimâtes
	ils aiment	ils aimaient	ils aimèrent

命　令　法	複　合　過　去	大　過　去	前　過　去
	j' ai aimé	j' avais aimé	j' eus aimé
aime	tu as aimé	tu avais aimé	tu eus aimé
	il a aimé	il avait aimé	il eut aimé
aimons	nous avons aimé	nous avions aimé	nous eûmes aimé
aimez	vous avez aimé	vous aviez aimé	vous eûtes aimé
	ils ont aimé	ils avaient aimé	ils eurent aimé

II. arriver
arrivant
arrivé
étant arrivé(e)(s)
（助動詞　être）

	複　合　過　去	大　過　去	前　過　去
	je suis arrivé(e)	j' étais arrivé(e)	je fus arrivé(e)
	tu es arrivé(e)	tu étais arrivé(e)	tu fus arrivé(e)
	il est arrivé	il était arrivé	il fut arrivé
	elle est arrivée	elle était arrivée	elle fut arrivée
	nous sommes arrivé(e)s	nous étions arrivé(e)s	nous fûmes arrivé(e)s
	vous êtes arrivé(e)(s)	vous étiez arrivé(e)(s)	vous fûtes arrivé(e)(s)
	ils sont arrivés	ils étaient arrivés	ils furent arrivés
	elles sont arrivées	elles étaient arrivées	elles furent arrivées

III. être aimé(e)(s)
受動態

étant aimé(e)(s)
ayant été aimé(e)(s)

	現　　　在	半　過　去	単　純　過　去
	je suis aimé(e)	j' étais aimé(e)	je fus aimé(e)
	tu es aimé(e)	tu étais aimé(e)	tu fus aimé(e)
	il est aimé	il était aimé	il fut aimé
	elle est aimée	elle était aimée	elle fut aimé e
	n. sommes aimé(e)s	n. étions aimé(e)s	n. fûmes aimé(e)s
	v. êtes aimé(e)(s)	v. étiez aimé(e)(s)	v. fûtes aimé(e)(s)
	ils sont aimés	ils étaient aimés	ils furent aimés
	elles sont aimées	elles étaient aimées	elles furent aimées

命　令　法	複　合　過　去	大　過　去	前　過　去
	j' ai été aimé(e)	j' avais été aimé(e)	j' eus été aimé(e)
sois aimé(e)	tu as été aimé(e)	tu avais été aimé(e)	tu eus été aimé(e)
	il a été aimé	il avait été aimé	il eut été aimé
soyons aimé(e)s	elle a été aimée	elle avait été aimée	elle eut été aimée
soyez aimé(e)(s)	n. avons été aimé(e)s	n. avions été aimé(e)s	n. eûmes été aimé(e)s
	v. avez été aimé(e)(s)	v. aviez été aimé(e)(s)	v. eûtes été aimé(e)(s)
	ils ont été aimés	ils avaient été aimés	ils eurent été aimés
	elles ont été aimées	elles avaient été aimées	elles eurent été aimées

IV. se lever
代名動詞
se levant
s'étant levé(e)(s)

	現　　　在	半　過　去	単　純　過　去
	je me lève	je me levais	je me levai
	tu te lèves	tu te levais	tu te levas
	il se lève	il se levait	il se leva
	n. n. levons	n. n. levions	n. n. levâmes
	v. v. levez	v. v. leviez	v. v. levâtes
	ils se lèvent	ils se levaient	ils se levèrent

命　令　法	複　合　過　去	大　過　去	前　過　去
	je me suis levé(e)	j' m' étais levé(e)	je me fus levé(e)
lève-toi	tu t' es levé(e)	tu t' étais levé(e)	tu te fus levé(e)
	il s' est levé	il s' était levé	il se fut levé
levons-nous	elle s' est levée	elle s' était levée	elle se fut levée
levez-vous	n. n. sommes levé(e)s	n. n. étions levé(e)s	n. n. fûmes levé(e)s
	v. v. êtes levé(e)(s)	v. v. étiez levé(e)(s)	v. v. fûtes levé(e)(s)
	ils se sont levés	ils s' étaient levés	ils se furent levés
	elles se sont levées	elles s' étaient levées	elles se furent levées

aimer

直　説　法	条　件　法	接　続　法	接　続　法
単　純　未　来	**現　　在**	**現　　在**	**半　過　去**
j' aimerai	j' aimerais	j' aime	j' aimasse
tu aimeras	tu aimerais	tu aimes	tu aimasses
il aimera	il aimerait	il aime	il aimât
nous aimerons	nous aimerions	nous aimions	nous aimassions
vous aimerez	vous aimeriez	vous aimiez	vous aimassiez
ils aimeront	ils aimeraient	ils aiment	ils aimassent
前　未　来	**過　　去**	**過　　去**	**大　過　去**
j' aurai aimé	j' aurais aimé	j' aie aimé	j' eusse aimé
tu auras aimé	tu aurais aimé	tu aies aimé	tu eusses aimé
il aura aimé	il aurait aimé	il ait aimé	il eût aimé
nous aurons aimé	nous aurions aimé	nous ayons aimé	nous eussions aimé
vous aurez aimé	vous auriez aimé	vous ayez aimé	vous eussiez aimé
ils auront aimé	ils auraient aimé	ils aient aimé	ils eussent aimé

arriver

直　説　法	条　件　法	接　続　法	接　続　法
前　未　来	**過　　去**	**過　　去**	**大　過　去**
je serai arrivé(e)	je serais arrivé(e)	je sois arrivé(e)	je fusse arrivé(e)
tu seras arrivé(e)	tu serais arrivé(e)	tu sois arrivé(e)	tu fusses arrivé(e)
il sera arrivé	il serait arrivé	il soit arrivé	il fût arrivé
elle sera arrivée	elle serait arrivée	elle soit arrivée	elle fût arrivée
nous serons arrivé(e)s	nous serions arrivé(e)s	nous soyons arrivé(e)s	nous fussions arrivé(e)s
vous serez arrivé(e)(s)	vous seriez arrivé(e)(s)	vous soyez arrivé(e)(s)	vous fussiez arrivé(e)(s)
ils seront arrivés	ils seraient arrivés	ils soient arrivés	ils fussent arrivés
elles seront arrivées	elles seraient arrivées	elles soient arrivées	elles fussent arrivées

être aimé

直　説　法	条　件　法	接　続　法	接　続　法
単　純　未　来	**現　　在**	**現　　在**	**半　過　去**
je serai aimé(e)	je serais aimé(e)	je sois aimé(e)	je fusse aimé(e)
tu seras aimé(e)	tu serais aimé(e)	tu sois aimé(e)	tu fusses aimé(e)
il sera aimé	il serait aimé	il soit aimé	il fût aimé
elle sera aimée	elle serait aimée	elle soit aimée	elle fût aimée
n. serons aimé(e)s	n. serions aimé(e)s	n. soyons aimé(e)s	n. fussions aimé(e)s
v. serez aimé(e)(s)	v. seriez aimé(e)(s)	v. soyez aimé(e)(s)	v. fussiez aimé(e)(s)
ils seront aimés	ils seraient aimés	ils soient aimés	ils fussent aimés
elles seront aimées	elles seraient aimées	elles soient aimées	elles fussent aimées
前　未　来	**過　　去**	**過　　去**	**大　過　去**
j' aurai été aimé(e)	j' aurais été aimé(e)	j' aie été aimé(e)	j' eusse été aimé(e)
tu auras été aimé(e)	tu aurais été aimé(e)	tu aies été aimé(c)	tu eusses été aimé(e)
il aura été aimé	il aurait été aimé	il ait été aimé	il eût été aimé
elle aura été aimée	elle aurait été aimée	elle ait été aimée	elle eût été aimée
n. aurons été aimé(e)s	n. aurions été aimé(e)s	n. ayons été aimé(e)s	n. eussions été aimé(e)s
v. aurez été aimé(e)(s)	v. auriez été aimé(e)(s)	v. ayez été aimé(e)(s)	v. eussiez été aimé(e)(s)
ils auront été aimés	ils auraient été aimés	ils aient été aimés	ils eussent été aimés
elles auront été aimées	elles auraient été aimées	elles aient été aimées	elles eussent été aimées

se lever

直　説　法	条　件　法	接　続　法	接　続　法
単　純　未　来	**現　　在**	**現　　在**	**半　過　去**
je me lèverai	je me lèverais	je me lève	je me levasse
tu te lèveras	tu te lèverais	tu te lèves	tu te levasses
il se lèvera	il se lèverait	il se lève	il se levât
n. n. lèverons	n. n. lèverions	n. n. levions	n. n. levassions
v. v. lèverez	v. v. lèveriez	v. v. leviez	v. v. levassiez
ils se lèveront	ils se lèveraient	ils se lèvent	ils se levassent
前　未　来	**過　　去**	**過　　去**	**大　過　去**
je me serai levé(e)	je me serais levé(e)	je me sois levé(e)	je me fusse levé(e)
tu te seras levé(e)	tu te serais levé(e)	tu te sois levé(e)	tu te fusses levé(e)
il se sera levé	il se serait levé	il se soit levé	il se fût levé
elle se sera levée	elle se serait levée	elle se soit levée	elle se fût levée
n. n. serons levé(e)s	n. n. serions levé(e)s	n. n. soyons levé(e)s	n. n. fussions levé(e)s
v. v. serez levé(e)(s)	v. v. seriez levé(e)(s)	v. v. soyez levé(e)(s)	v. v. fussiez levé(e)(s)
ils se seront levés	ils se seraient levés	ils se soient levés	ils se fussent levés
elles se seront levées	elles se seraient levées	elles se soient levées	elles se fussent levées

不 定 形 分 詞 形	直　　説　　法			
	現　　在	半　過　去	単　純　過　去	単　純　未　来
1. avoir もつ ayant eu [y]	j' ai tu as il a n. avons v. avez ils ont	j' avais tu avais il avait n. avions v. aviez ils avaient	j' eus [y] tu eus il eut n. eûmes v. eûtes ils eurent	j' aurai tu auras il aura n. aurons v. aurez ils auront
2. être 在る étant été	je suis tu es il est n. sommes v. êtes ils sont	j' étais tu étais il était n. étions v. étiez ils étaient	je fus tu fus il fut n. fûmes v. fûtes ils furent	je serai tu seras il sera n. serons v. serez ils seront
3. parler 話す parlant parlé	je parle tu parles il parle n. parlons v. parlez ils parlent	je parlais tu parlais il parlait n. parlions v. parliez ils parlaient	je parlai tu parlas il parla n. parlâmes v. parlâtes ils parlèrent	je parlerai tu parleras il parlera n. parlerons v. parlerez ils parleront
4. placer 置く plaçant placé	je place tu places il place n. plaçons v. placez ils placent	je plaçais tu plaçais il plaçait n. placions v. placiez ils plaçaient	je plaçai tu plaças il plaça n. plaçâmes v. plaçâtes ils placèrent	je placerai tu placeras il placera n. placerons v. placerez ils placeront
5. manger 食べる mangeant mangé	je mange tu manges il mange n. mangeons v. mangez ils mangent	je mangeais tu mangeais il mangeait n. mangions v. mangiez ils mangeaient	je mangeai tu mangeas il mangea n. mangeâmes v. mangeâtes ils mangèrent	je mangerai tu mangeras il mangera n. mangerons v. mangerez ils mangeront
6. acheter 買う achetant acheté	j' achète tu achètes il achète n. achetons v. achetez ils achètent	j' achetais tu achetais il achetait n. achetions v. achetiez ils achetaient	j' achetai tu achetas il acheta n. achetâmes v. achetâtes ils achetèrent	j' achèterai tu achèteras il achètera n. achèterons v. achèterez ils achèteront
7. appeler 呼ぶ appelant appelé	j' appelle tu appelles il appelle n. appelons v. appelez ils appellent	j' appelais tu appelais il appelait n. appelions v. appeliez ils appelaient	j' appelai tu appelas il appela n. appelâmes v. appelâtes ils appelèrent	j' appellerai tu appelleras il appellera n. appellerons v. appellerez ils appelleront
8. préférer より好む préférant préféré	je préfère tu préfères il préfère n. préférons v. préférez ils préfèrent	je préférais tu préférais il préférait n. préférions v. préfériez ils préféraient	je préférai tu préféras il préféra n. préférâmes v. préférâtes ils préférèrent	je préférerai tu préféreras il préférera n. préférerons v. préférerez ils préféreront

条　件　法		接　　続　　法		命　令　法	同型活用の動詞
現　　在		現　　在	半　過　去	現　　在	（注意）
j' aurais tu aurais il aurait n. aurions v. auriez ils auraient		j' aie tu aies il ait n. ayons v. ayez ils aient	j' eusse tu eusses il eût n. eussions v. eussiez ils eussent	aie ayons ayez	
je serais tu serais il serait n. serions v. seriez ils seraient		je sois tu sois il soit n. soyons v. soyez ils soient	je fusse tu fusses il fût n. fussions v. fussiez ils fussent	sois soyons soyez	
je parlerais tu parlerais il parlerait n. parlerions v. parleriez ils parleraient		je parle tu parles il parle n. parlions v. parliez ils parlent	je parlasse tu parlasses il parlât n. parlassions v. parlassiez ils parlassent	parle parlons parlez	第1群規則動詞 （4型～10型をのぞく）
je placerais tu placerais il placerait n. placerions v. placeriez ils placeraient		je place tu places il place n. placions v. placiez ils placent	je plaçasse tu plaçasses il plaçât n. plaçassions v. plaçassiez ils plaçassent	place plaçons placez	—cer の動詞 annoncer, avancer, commencer, effacer, renoncer など. (a, o の前で c → ç)
je mangerais tu mangerais il mangerait n. mangerions v. mangeriez ils mangeraient		je mange tu manges il mange n. mangions v. mangiez ils mangent	je mangeasse tu mangeasses il mangeât n. mangeassions v. mangeassiez ils mangeassent	mange mangeons mangez	—ger の動詞 arranger, changer, charger, engager, nager, obliger など. (a, o の前で g → ge)
j' achèterais tu achèterais il achèterait n. achèterions v. achèteriez ils achèteraient		j' achète tu achètes il achète n. achetions v. achetiez ils achètent	j' achetasse tu achetasses il achetât n. achetassions v. achetassiez ils achetassent	achète achetons achetez	—e＋子音＋er の動詞 achever, lever, mener など. (7型をのぞく. e muet を 含む音節の前で e → è)
j' appellerais tu appellerais il appellerait n. appellerions v. appelleriez ils appelleraient		j' appelle tu appelles il appelle n. appelions v. appeliez ils appellent	j' appelasse tu appelasses il appelât n. appelassions v. appelassiez ils appelassent	appelle appelons appelez	—eter, —eler の動詞 jeter, rappeler など. (6型のものもある. e muet の前で t, l を重ね る)
je préférerais tu préférerais il préférerait n. préférerions v. préféreriez ils préféreraient		je préfère tu préfères il préfère n. préférions v. préfériez ils préfèrent	je préférasse tu préférasses il préférât n. préférassions v. préférassiez ils préférassent	préfère préférons préférez	—é＋子音＋er の動詞 céder, espérer, opérer, répéter など. (e muet を含む語末音節 の前で é → è)

不 定 形 分 詞 形	直　　説　　法			
	現　　在	半　過　去	単　純　過　去	単　純　未　来
9. employer 使う employant employé	j' emploie tu emploies il emploie n. employons v. employez ils emploient	j' employais tu employais il employait n. employions v. employiez ils employaient	j' employai tu employas il employa n. employâmes v. employâtes ils employèrent	j' emploierai tu emploieras il emploiera n. emploierons v. emploierez ils emploieront
10. envoyer 送る envoyant envoyé	j' envoie tu envoies il envoie n. envoyons v. envoyez ils envoient	j' envoyais tu envoyais il envoyait n. envoyions v. envoyiez ils envoyaient	j' envoyai tu envoyas il envoya n. envoyâmes v. envoyâtes ils envoyèrent	j' enverrai tu enverras il enverra n. enverrons v. enverrez ils enverront
11. aller 行く allant allé	je vais tu vas il va n. allons v. allez ils vont	j' allais tu allais il allait n. allions v. alliez ils allaient	j' allai tu allas il alla n. allâmes v. allâtes ils allèrent	j' irai tu iras il ira n. irons v. irez ils iront
12. finir 終える finissant fini	je finis tu finis il finit n. finissons v. finissez ils finissent	je finissais tu finissais il finissait n. finissions v. finissiez ils finissaient	je finis tu finis il finit n. finîmes v. finîtes ils finirent	je finirai tu finiras il finira n. finirons v. finirez ils finiront
13. partir 出発する partant parti	je pars tu pars il part n. partons v. partez ils partent	je partais tu partais il partait n. partions v. partiez ils partaient	je partis tu partis il partit n. partîmes v. partîtes ils partirent	je partirai tu partiras il partira n. partirons v. partirez ils partiront
14. courir 走る courant couru	je cours tu cours il court n. courons v. courez ils courent	je courais tu courais il courait n. courions v. couriez ils couraient	je courus tu courus il courut n. courûmes v. courûtes ils coururent	je courrai tu courras il courra n. courrons v. courrez ils courront
15. fuir 逃げる fuyant fui	je fuis tu fuis il fuit n. fuyons v. fuyez ils fuient	je fuyais tu fuyais il fuyait n. fuyions v. fuyiez ils fuyaient	je fuis tu fuis il fuit n. fuîmes v. fuîtes ils fuirent	je fuirai tu fuiras il fuira n. fuirons v. fuirez ils fuiront
16. mourir 死ぬ mourant mort	je meurs tu meurs il meurt n. mourons v. mourez ils meurent	je mourais tu mourais il mourait n. mourions v. mouriez ils mouraient	je mourus tu mourus il mourut n. mourûmes v. mourûtes ils moururent	je mourrai tu mourras il mourra n. mourrons v. mourrez ils mourront

条 件 法	接 続 法		命 令 法	同型活用の動詞 (注意)
現 在	現 在	半 過 去	現 在	
j' emploierais tu emploierais il emploierait n. emploierions v. emploieriez ils emploieraient	j' emploie tu emploies il emploie n. employions v. employiez ils emploient	j' employasse tu employasses il employât n. employassions v. employassiez ils employassent	emploie employons employez	—oyer, —uyer, —ayer の動詞 (e muet の前で y → i. —ayer は 3 型でもよい. また envoyer → 10)
j' enverrais tu enverrais il enverrait n. enverrions v. enverriez ils enverraient	j' envoie tu envoies il envoie n. envoyions v. envoyiez ils envoient	j' envoyasse tu envoyasses il envoyât n. envoyassions v. envoyassiez ils envoyassent	envoie envoyons envoyez	renvoyer (未来，条・現のみ 9 型と ことなる)
j' irais tu irais il irait n. irions v. iriez ils iraient	j' aille tu ailles il aille n. allions v. alliez ils aillent	j' allasse tu allasses il allât n. allassions v. allassiez ils allassent	va allons allez	
je finirais tu finirais il finirait n. finirions v. finiriez ils finiraient	je finisse tu finisses il finisse n. finissions v. finissiez ils finissent	je finisse tu finisses il finît n. finissions v. finissiez ils finissent	finis finissons finissez	第 2 群規則動詞
je partirais tu partirais il partirait n. partirions v. partiriez ils partiraient	je parte tu partes il parte n. partions v. partiez ils partent	je partisse tu partisses il partît n. partissions v. partissiez ils partissent	pars partons partez	dormir, endormir, se repentir, sentir, servir, sortir
je courrais tu courrais il courrait n. courrions v. courriez ils courraient	je coure tu coures il coure n. courions v. couriez ils courent	je courusse tu courusses il courût n. courussions v. courussiez ils courussent	cours courons courez	accourir, parcourir, secourir
je fuirais tu fuirais il fuirait n. fuirions v. fuiriez ils fuiraient	je fuie tu fuies il fuie n. fuyions v. fuyiez ils fuient	je fuisse tu fuisses il fuît n. fuissions v. fuissiez ils fuissent	fuis fuyons fuyez	s'enfuir
je mourrais tu mourrais il mourrait n. mourrions v. mourriez ils mourraient	je meure tu meures il meure n. mourions v. mouriez ils meurent	je mourusse tu mourusses il mourût n. mourussions v. mourussiez ils mourussent	meurs mourons mourez	

不 定 形 分 詞 形	直　　説　　法			
	現　　在	半　過　去	単純過去	単純未来
17. venir 来る venant venu	je viens tu viens il vient n. venons v. venez ils viennent	je venais tu venais il venait n. venions v. veniez ils venaient	je vins tu vins il vint n. vînmes v. vîntes ils vinrent	je viendrai tu viendras il viendra n. viendrons v. viendrez ils viendront
18. ouvrir あける ouvrant ouvert	j' ouvre tu ouvres il ouvre n. ouvrons v. ouvrez ils ouvrent	j' ouvrais tu ouvrais il ouvrait n. ouvrions v. ouvriez ils ouvraient	j' ouvris tu ouvris il ouvrit n. ouvrîmes v. ouvrîtes ils ouvrirent	j' ouvrirai tu ouvriras il ouvrira n. ouvrirons v. ouvrirez ils ouvriront
19. rendre 返す rendant rendu	je rends tu rends il rend n. rendons v. rendez ils rendent	je rendais tu rendais il rendait n. rendions v. rendiez ils rendaient	je rendis tu rendis il rendit n. rendîmes v. rendîtes ils rendirent	je rendrai tu rendras il rendra n. rendrons v. rendrez ils rendront
20. mettre 置く mettant mis	je mets tu mets il met n. mettons v. mettez ils mettent	je mettais tu mettais il mettait n. mettions v. mettiez ils mettaient	je mis tu mis il mit n. mîmes v. mîtes ils mirent	je mettrai tu mettras il mettra n. mettrons v. mettrez ils mettront
21. battre 打つ battant battu	je bats tu bats il bat n. battons v. battez ils battent	je battais tu battais il battait n. battions v. battiez ils battaient	je battis tu battis il battit n. battîmes v. battîtes ils battirent	je battrai tu battras il battra n. battrons v. battrez ils battront
22. suivre ついて行く suivant suivi	je suis tu suis il suit n. suivons v. suivez ils suivent	je suivais tu suivais il suivait n. suivions v. suiviez ils suivaient	je suivis tu suivis il suivit n. suivîmes v. suivîtes ils suivirent	je suivrai tu suivras il suivra n. suivrons v. suivrez ils suivront
23. vivre 生きる vivant vécu	je vis tu vis il vit n. vivons v. vivez ils vivent	je vivais tu vivais il vivait n. vivions v. viviez ils vivaient	je vécus tu vécus il vécut n. vécûmes v. vécûtes ils vécurent	je vivrai tu vivras il vivra n. vivrons v. vivrez ils vivront
24. écrire 書く écrivant écrit	j' écris tu écris il écrit n. écrivons v. écrivez ils écrivent	j' écrivais tu écrivais il écrivait n. écrivions v. écriviez ils écrivaient	j' écrivis tu écrivis il écrivit n. écrivîmes v. écrivîtes ils écrivirent	j' écrirai tu écriras il écrira n. écrirons v. écrirez ils écriront

条　件　法	接　　続　　法		命　令　法	同型活用の動詞
現　　在	現　　在	半　過　去	現　　在	（注意）
je viendrais tu viendrais il viendrait n. viendrions v. viendriez ils viendraient	je vienne tu viennes il vienne n. venions v. veniez ils viennent	je vinsse tu vinsses il vînt n. vinssions v. vinssiez ils vinssent	viens venons venez	convenir, devenir, provenir, revenir, se souvenir ; tenir, appartenir, maintenir, obtenir, retenir, soutenir
j' ouvrirais tu ouvrirais il ouvrirait n. ouvririons v. ouvririez ils ouvriraient	j' ouvre tu ouvres il ouvre n. ouvrions v. ouvriez ils ouvrent	j' ouvrisse tu ouvrisses il ouvrît n. ouvrissions v. ouvrissiez ils ouvrissent	ouvre ouvrons ouvrez	couvrir, découvrir, offrir, souffrir
je rendrais tu rendrais il rendrait n. rendrions v. rendriez ils rendraient	je rende tu rendes il rende n. rendions v. rendiez ils rendent	je rendisse tu rendisses il rendît n. rendissions v. rendissiez ils rendissent	rends rendons rendez	attendre, défendre, descendre entendre, perdre, prétendre, répondre, tendre, vendre
je mettrais tu mettrais il mettrait n. mettrions v. mettriez ils mettraient	je mette tu mettes il mette n. mettions v. mettiez ils mettent	je misse tu misses il mît n. missions v. missiez ils missent	mets mettons mettez	admettre, commettre, permettre, promettre, remettre, soumettre
je battrais tu battrais il battrait n. battrions v. battriez ils battraient	je batte tu battes il batte n. battions v. battiez ils battent	je battisse tu battisses il battît n. battissions v. battissiez ils battissent	bats battons battez	abattre, combattre
je suivrais tu suivrais il suivrait n. suivrions v. suivriez ils suivraient	je suive tu suives il suive n. suivions v. suiviez ils suivent	je suivisse tu suivisses il suivît n. suivissions v. suivissiez ils suivissent	suis suivons suivez	poursuivre
je vivrais tu vivrais il vivrait n. vivrions v. vivriez ils vivraient	je vive tu vives il vive n. vivions v. viviez ils vivent	je vécusse tu vécusses il vécût n. vécussions v. vécussiez ils vécussent	vis vivons vivez	
j' écrirais tu écrirais il écrirait n. écririons v. écririez ils écriraient	j' écrive tu écrives il écrive n. écrivions v. écriviez ils écrivent	j' écrivisse tu écrivisses il écrivît n. écrivissions v. écrivissiez ils écrivissent	écris écrivons écrivez	décrire, inscrire

不 定 形 分 詞 形	直 説 法			
	現　　在	半　過　去	単　純　過　去	単　純　未　来
25. connaître 知っている connaissant connu	je connais tu connais il connaît n. connaissons v. connaissez ils connaissent	je connaissais tu connaissais il connaissait n. connaissions v. connaissiez ils connaissaient	je connus tu connus il connut n. connûmes v. connûtes ils connurent	je connaîtrai tu connaîtras il connaîtra n. connaîtrons v. connaîtrez ils connaîtront
26. naître 生まれる naissant né	je nais tu nais il naît n. naissons v. naissez ils naissent	je naissais tu naissais il naissait n. naissions v. naissiez ils naissaient	je naquis tu naquis il naquit n. naquîmes v. naquîtes ils naquirent	je naîtrai tu naîtras il naîtra n. naîtrons v. naîtrez ils naîtront
27. conduire みちびく conduisant conduit	je conduis tu conduis il conduit n. conduisons v. conduisez ils conduisent	je conduisais tu conduisais il conduisait n. conduisions v. conduisiez ils conduisaient	je conduisis tu conduisis il conduisit n. conduisîmes v. conduisîtes ils conduisirent	je conduirai tu conduiras il conduira n. conduirons v. conduirez ils conduiront
28. suffire 足りる suffisant suffi	je suffis tu suffis il suffit n. suffisons v. suffisez ils suffisent	je suffisais tu suffisais il suffisait n. suffisions v. suffisiez ils suffisaient	je suffis tu suffis il suffit n. suffîmes v. suffîtes ils suffirent	je suffirai tu suffiras il suffira n. suffirons v. suffirez ils suffiront
29. lire 読む lisant lu	je lis tu lis il lit n. lisons v. lisez ils lisent	je lisais tu lisais il lisait n. lisions v. lisiez ils lisaient	je lus tu lus il lut n. lûmes v. lûtes ils lurent	je lirai tu liras il lira n. lirons v. lirez ils liront
30. plaire 気に入る plaisant plu	je plais tu plais il plaît n. plaisons v. plaisez ils plaisent	je plaisais tu plaisais il plaisait n. plaisions v. plaisiez ils plaisaient	je plus tu plus il plut n. plûmes v. plûtes ils plurent	je plairai tu plairas il plaira n. plairons v. plairez ils plairont
31. dire 言う disant dit	je dis tu dis il dit n. disons v. dites ils disent	je disais tu disais il disait n. disions v. disiez ils disaient	je dis tu dis il dit n. dîmes v. dîtes ils dirent	je dirai tu diras il dira n. dirons v. direz ils diront
32. faire する faisant [fzɑ̃] fait	je fais tu fais il fait n. faisons [fzɔ̃] v. faites ils font	je faisais [fzɛ] tu faisais il faisait n. faisions v. faisiez ils faisaient	je fis tu fis il fit n. fîmes v. fîtes ils firent	je ferai tu feras il fera n. ferons v. ferez ils feront

条 件 法	接 続 法		命 令 法	同型活用の動詞
現　　在	現　　在	半　過　去	現　　在	(注意)
je　connaîtrais tu　connaîtrais il　connaîtrait n.　connaîtrions v.　connaîtriez ils　connaîtraient	je　connaisse tu　connaisses il　connaisse n.　connaissions v.　connaissiez ils　connaissent	je　connusse tu　connusses il　connût n.　connussions v.　connussiez ils　connussent	connais connaissons connaissez	reconnaître ; paraître, apparaître, disparaître (t の前で i → î)
je　naîtrais tu　naîtrais il　naîtrait n.　naîtrions v.　naîtriez ils　naîtraient	je　naisse tu　naisses il　naisse n.　naissions v.　naissiez ils　naissent	je　naquisse tu　naquisses il　naquît n.　naquissions v.　naquissiez ils　naquissent	nais naissons naissez	renaître (t の前で i → î)
je　conduirais tu　conduirais il　conduirait n.　conduirions v.　conduiriez ils　conduiraient	je　conduise tu　conduises il　conduise n.　conduisions v.　conduisiez ils　conduisent	je　conduisisse tu　conduisisses il　conduisît n.　conduisissions v.　conduisissiez ils　conduisissent	conduis conduisons conduisez	introduire, produire, traduire ; construire, détruire
je　suffirais tu　suffirais il　suffirait n.　suffirions v.　suffiriez ils　suffiraient	je　suffise tu　suffises il　suffise n.　suffisions v.　suffisiez ils　suffisent	je　suffisse tu　suffisses il　suffît n.　suffissions v.　suffissiez ils　suffissent	suffis suffisons suffisez	
je　lirais tu　lirais il　lirait n.　lirions v.　liriez ils　liraient	je　lise tu　lises il　lise n.　lisions v.　lisiez ils　lisent	je　lusse tu　lusses il　lût n.　lussions v.　lussiez ils　lussent	lis lisons lisez	élire, relire
je　plairais tu　plairais il　plairait n.　plairions v.　plairiez ils　plairaient	je　plaise tu　plaises il　plaise n.　plaisions v.　plaisiez ils　plaisent	je　plusse tu　plusses il　plût n.　plussions v.　plussiez ils　plussent	plais plaisons plaisez	déplaire, taire (ただし taire の直・現・ 3 人称単数 il tait)
je　dirais tu　dirais il　dirait n.　dirions v.　diriez ils　diraient	je　dise tu　dises il　dise n.　disions v.　disiez ils　disent	je　disse tu　disses il　dît n.　dissions v.　dissiez ils　dissent	dis disons dites	redire
je　ferais tu　ferais il　ferait n.　ferions v.　feriez ils　feraient	je　fasse tu　fasses il　fasse n.　fassions v.　fassiez ils　fassent	je　fisse tu　fisses il　fît n.　fissions v.　fissiez ils　fissent	fais faisons faites	défaire, refaire, satisfaire

不 定 形 分 詞 形	直 　説 　法			
	現　　在	半　過　去	単純過去	単純未来
33. rire 笑う riant ri	je ris tu ris il rit n. rions v. riez ils rient	je riais tu riais il riait n. riions v. riiez ils riaient	je ris tu ris il rit n. rîmes v. rîtes ils rirent	je rirai tu riras il rira n. rirons v. rirez ils riront
34. croire 信じる croyant cru	je crois tu crois il croit n. croyons v. croyez ils croient	je croyais tu croyais il croyait n. croyions v. croyiez ils croyaient	je crus tu crus il crut n. crûmes v. crûtes ils crurent	je croirai tu croiras il croira n. croirons v. croirez ils croiront
35. craindre おそれる craignant craint	je crains tu crains il craint n. craignons v. craignez ils craignent	je craignais tu craignais il craignait n. craignions v. craigniez ils craignaient	je craignis tu craignis il craignit n. craignîmes v. craignîtes ils craignirent	je craindrai tu craindras il craindra n. craindrons v. craindrez ils craindront
36. prendre とる prenant pris	je prends tu prends il prend n. prenons v. prenez ils prennent	je prenais tu prenais il prenait n. prenions v. preniez ils prenaient	je pris tu pris il prit n. prîmes v. prîtes ils prirent	je prendrai tu prendras il prendra n. prendrons v. prendrez ils prendront
37. boire 飲む buvant bu	je bois tu bois il boit n. buvons v. buvez ils boivent	je buvais tu buvais il buvait n. buvions v. buviez ils buvaient	je bus tu bus il but n. bûmes v. bûtes ils burent	je boirai tu boiras il boira n. boirons v. boirez ils boiront
38. voir 見る voyant vu	je vois tu vois il voit n. voyons v. voyez ils voient	je voyais tu voyais il voyait n. voyions v. voyiez ils voyaient	je vis tu vis il vit n. vîmes v. vîtes ils virent	je verrai tu verras il verra n. verrons v. verrez ils verront
39. asseoir 座らせる asseyant assoyant assis	j' assieds tu assieds il assied n. asseyons v. asseyez ils asseyent j' assois tu assois il assoit n. assoyons v. assoyez ils assoient	j' asseyais tu asseyais il asseyait n. asseyions v. asseyiez ils asseyaient j' assoyais tu assoyais il assoyait n. assoyions v. assoyiez ils assoyaient	j' assis tu assis il assit n. assîmes v. assîtes ils assirent	j' assiérai tu assiéras il assiéra n. assiérons v. assiérez ils assiéront j' assoirai tu assoiras il assoira n. assoirons v. assoirez ils assoiront

条　件　法	接　　続　　法		命　令　法	同型活用の動詞 （注意）
現　　在	現　　在	半　過　去	現　　在	
je rirais tu rirais il rirait n. ririons v. ririez ils riraient	je rie tu ries il rie n. riions v. riiez ils rient	je risse tu risses il rît n. rissions v. rissiez ils rissent	ris rions riez	sourire
je croirais tu croirais il croirait n. croirions v. croiriez ils croiraient	je croie tu croies il croie n. croyions v. croyiez ils croient	je crusse tu crusses il crût n. crussions v. crussiez ils crussent	crois croyons croyez	
je craindrais tu craindrais il craindrait n. craindrions v. craindriez ils craindraient	je craigne tu craignes il craigne n. craignions v. craigniez ils craignent	je craignisse tu craignisses il craignît n. craignissions v. craignissiez ils craignissent	crains craignons craignez	plaindre ; atteindre, éteindre, peindre; joindre, rejoindre
je prendrais tu prendrais il prendrait n. prendrions v. prendriez ils prendraient	je prenne tu prennes il prenne n. prenions v. preniez ils prennent	je prisse tu prisses il prît n. prissions v. prissiez ils prissent	prends prenons prenez	apprendre, comprendre, surprendre
je boirais tu boirais il boirait n. boirions v. boiriez ils boiraient	je boive tu boives il boive n. buvions v. buviez ils boivent	je busse tu busses il bût n. bussions v. bussiez ils bussent	bois buvons buvez	
je verrais tu verrais il verrait n. verrions v. verriez ils verraient	je voie tu voies il voie n. voyions v. voyiez ils voient	je visse tu visses il vît n. vissions v. vissiez ils vissent	vois voyons voyez	revoir
j' assiérais tu assiérais il assiérait n. assiérions v. assiériez ils assiéraient	j' asseye tu asseyes il asseye n. asseyions v. asseyiez ils asseyent	j' assisse tu assisses il assît n. assissions v. assissiez ils assissent	assieds asseyons asseyez	（代名動詞 s'asseoir と して用いられることが 多い．下段は俗語調）
j' assoirais tu assoirais il assoirait n. assoirions v. assoiriez ils assoiraient	j' assoie tu assoies il assoie n. assoyions v. assoyiez ils assoient		assois assoyons assoyez	

不 定 形 分 詞 形	直　　　説　　　法			
	現　　　在	半　過　去	単 純 過 去	単 純 未 来
40. recevoir 　　受取る recevant reçu	je reçois tu reçois il reçoit n. recevons v. recevez ils reçoivent	je recevais tu recevais il recevait n. recevions v. receviez ils recevaient	je reçus tu reçus il reçut n. reçûmes v. reçûtes ils reçurent	je recevrai tu recevras il recevra n. recevrons v. recevrez ils recevront
41. devoir 　　ねばならぬ devant dû, due dus, dues	je dois tu dois il doit n. devons v. devez ils doivent	je devais tu devais il devait n. devions v. deviez ils devaient	je dus tu dus il dut n. dûmes v. dûtes ils durent	je devrai tu devras il devra n. devrons v. devrez ils devront
42. pouvoir 　　できる pouvant pu	je peux (puis) tu peux il peut n. pouvons v. pouvez ils peuvent	je pouvais tu pouvais il pouvait n. pouvions v. pouviez ils pouvaient	je pus tu pus il put n. pûmes v. pûtes ils purent	je pourrai tu pourras il pourra n. pourrons v. pourrez ils pourront
43. vouloir 　　のぞむ voulant voulu	je veux tu veux il veut n. voulons v. voulez ils veulent	je voulais tu voulais il voulait n. voulions v. vouliez ils voulaient	je voulus tu voulus il voulut n. voulûmes v. voulûtes ils voulurent	je voudrai tu voudras il voudra n. voudrons v. voudrez ils voudront
44. savoir 　　知っている sachant su	je sais tu sais il sait n. savons v. savez ils savent	je savais tu savais il savait n. savions v. saviez ils savaient	je sus tu sus il sut n. sûmes v. sûtes ils surent	je saurai tu sauras il saura n. saurons v. saurez ils sauront
45. valoir 　　価値がある valant valu	je vaux tu vaux il vaut n. valons v. valez ils valent	je valais tu valais il valait n. valions v. valiez ils valaient	je valus tu valus il valut n. valûmes v. valûtes ils valurent	je vaudrai tu vaudras il vaudra n. vaudrons v. vaudrez ils vaudront
46. falloir 　　必要である — fallu	il faut	il fallait	il fallut	il faudra
47. pleuvoir 　　雨が降る pleuvant plu	il pleut	il pleuvait	il plut	il pleuvra

条　件　法	接　　続　　法		命　令　法	同型活用の動詞 （注意）
現　　在	現　　在	半　過　去	現　　在	
je recevrais tu recevrais il recevrait n. recevrions v. recevriez ils recevraient	je reçoive tu reçoives il reçoive n. recevions v. receviez ils reçoivent	je reçusse tu reçusses il reçût n. reçussions v. reçussiez ils reçussent	reçois recevons recevez	apercevoir, concevoir
je devrais tu devrais il devrait n. devrions v. devriez ils devraient	je doive tu doives il doive n. devions v. deviez ils doivent	je dusse tu dusses il dût n. dussions v. dussiez ils dussent		（過去分詞は du＝de＋ le と区別するために男 性単数のみ dû と綴る）
je pourrais tu pourrais il pourrait n. pourrions v. pourriez ils pourraient	je puisse tu puisses il puisse n. puissions v. puissiez ils puissent	je pusse tu pusses il pût n. pussions v. pussiez ils pussent		
je voudrais tu voudrais il voudrait n. voudrions v. voudriez ils voudraient	je veuille tu veuilles il veuille n. voulions v. vouliez ils veuillent	je voulusse tu voulusses il voulût n. voulussions v. voulussiez ils voulussent	veuille veuillons veuillez	
je saurais tu saurais il saurait n. saurions v. sauriez ils sauraient	je sache tu saches il sache n. sachions v. sachiez ils sachent	je susse tu susses il sût n. sussions v. sussiez ils sussent	sache sachons sachez	
je vaudrais tu vaudrais il vaudrait n. vaudrions v. vaudriez ils vaudraient	je vaille tu vailles il vaille n. valions v. valiez ils vaillent	je valusse tu valusses il valût n. valussions v. valussiez ils valussent		
il faudrait	il faille	il fallût		
il pleuvrait	il pleuve	il plût		

私だけのフランス語ノート

検印
省略

© 2020 年 1 月 30 日 第 1 版　発行
2024 年 1 月 30 日 第 2 刷　発行

著　者　　　　　　　　　　釣　馨
　　　　　　　　　　　　武内英公子

発行者　　　　　　　　原　　雅　久

発行所　　　　　　株式会社 朝 日 出 版 社
　　　　　〒 101-0065　東京都千代田区西神田 3-3-5
　　　　　　　　電話 (03)3239-0271・72 (代表)
　　　　　　　　振替口座　東京 00140-2-46008
　　　　　　　　http://www.asahipress.com/
　　　　　　　　欧友社／信毎書籍印刷